O MISTÉRIO
DO NATAL

RANIERO CANTALAMESSA

O MISTÉRIO DO NATAL

Direção editorial:
Pe. Marcelo C. Araújo, C.Ss.R.

Copidesque:
Luana Galvão

Coordenação editorial:
Ana Lúcia de Castro Leite

Diagramação e capa:
Bruno Olivoto

Tradução:
Pe. Luiz Gonzaga Scudeler

Título original: *Il mistero del Natale*

Dados Internacionais de Catalogação na Publicação (CIP)
(Câmara Brasileira do Livro, SP, Brasil)

Cantalamessa, Raniero
O Mistério do Natal / Cantalamessa, Raniero; [tradução Luiz Gonzaga Scudeler]. – Aparecida, SP: Editora Santuário, 1993.

ISBN 85-7200-166-2

1. Glória in excelsis Deo – Meditações 2. Magnificat – Meditações 3. Natal – Meditações 4. Nunc Dimittis – Meditações I. Título. II Série

93-3107   CDD-232.921

Índices para catálogo sistemático:
1. Natal: Meditações: Cristologia 232.921

9ª impressão

Todos os direitos em língua portuguesa
reservados à **EDITORA SANTUÁRIO** – 2021

Rua Pe. Claro Monteiro, 342 – 12570-000 – Aparecida-SP
Tel.: 12 3104-2000 – Televendas: 0800 0 16 00 04
www.editorasantuario.com.br
vendas@editorasantuario.com.br

1
"MINHA ALMA ENGRANDECE O SENHOR"

O mistério da Anunciação

Premissa sobre os cânticos evangélicos

Nestas meditações contemplamos os mistérios relativos ao nascimento terreno e à infância de Jesus, servindo-nos dos cânticos que Lucas inseriu no seu evangelho. Contemplaremos o mistério da Anunciação e da Visitação através do cântico de Maria (o *Magnificat*), o mistério do Natal através do cântico dos anjos (o *Gloria in excelsis Deo*) e o mistério da Apresentação no templo através do cântico de Simeão (o *Nunc dimittis*). Esses hinos dos evangelhos da infância têm a função de explicar espiritualmente o que acontece, isto é, ressaltar, em palavras, o sentido do acontecimento, conferindo-lhe a forma de uma profissão de fé e de louvor. Indicam o significado escondido do evento que deve ser trazido à luz. Como tais, eles fazem parte integrante da narrativa histórica; não são entrechos ou trechos separados, porque cada acontecimento histórico é constituído de dois elementos: o fato e o seu significado. Afinal de contas eles inserem a liturgia na história. "A liturgia cristã – foi escrito – tem os seus primórdios nos hinos da história da infância" (H. Schürmann, *Das Lukasevangelium*, I, Freiburg i.B.1982). Nós temos nestes cânticos, em outras palavras, um embrião da liturgia natalina. Eles realizam o elemento essencial da liturgia que é ser celebração festiva e credente do acontecimento da salvação. A história – explica Santo Agostinho – indica-nos o que aconteceu e como aconteceu; a liturgia, por sua vez, faz com que os acontecimentos do passado não sejam "fatos passados", isto é, transcorridos para sempre, acabados, por isso não os realiza de novo, mas celebra-os (cf. Santo Agostinho, *Sermo* 220; PL 38,1089). Nos evangelhos da infância existe também uma narrativa "histórica" de fatos acontecidos de uma vez para sempre *(semel)* e que não se repetirão jamais. Existe uma celebração hínica, graças à qual aqueles acontecimentos serão celebrados pela Igreja cada ano *(quotannis)* na liturgia do Natal e cada dia *(quotidie)* na liturgia da Missa e na liturgia das Horas. A liturgia nos torna contemporâneos dos acontecimentos no Espírito; faz "daquele dia" o "dia de hoje" *(hodie)* assim que podemos verdadeiramente dizer junto com a Igreja: *Hoje* Cristo nasceu, *hoje* na terra cantam os anjos.... Graças à liturgia e à Tradição viva da Igreja, não devemos dizer, tristemente, que dois mil anos nos *separam* dos acontecimentos da salvação, mas que dois mil anos nos *unem* a eles.

Em termos da "letra", já que tudo é incerto nestes cânticos: a paternidade literária, isto é, quem os compôs realmente (Maria, os anjos, Simeão? O próprio Lucas? Existiam antes?), as fontes, a estrutura interna... Podemos prescindir, felizmente, de todos estes problemas de crítica e deixar que eles continuem a ser estudados com proveito por aqueles que se ocupam destes tipos de questões. Não devemos esperar que sejam resolvidos todos estes pontos obscuros para podermos nos edificar desde já com estes cânticos. Não porque tais problemas não sejam importantes, mas porque existe uma certeza que relativiza todas estas incertezas: Lucas recolheu estes cânticos no seu evangelho e a Igreja acolheu o evangelho de Lucas no seu cânon. Estes cânticos são "palavra de Deus", inspirada pelo Espírito Santo. O *Magnificat,* por exemplo, é de Maria porque lhe "atribuiu" o Espírito Santo e isto faz com que ele seja mais "seu" do que se materialmente o tivesse escrito de próprio punho! De fato, não nos interessa tanto saber se o *Magnificat* o compôs Maria, quanto saber se o compôs por inspiração do Espírito Santo. Se estivéssemos até certos de que fora composto por Maria, não nos interessaria por isto, mas porque nele fala o Espírito Santo. Há uma verdade espiritual na Escritura nem sempre exatamente coincidente com aquela que chamamos de verdade histórica, entendendo por verdade histórica apenas aquela que se pode conhecer através dos meios normais à disposição da pesquisa humana.

Com essas premissas e com esses sentimentos, aproximemo-nos agora do primeiro dos nossos cânticos, o *Magnificat*, considerando-o antes de tudo como cântico de Maria e depois como cântico da Igreja e da alma.

O MAGNIFICAT, CÂNTICO DE MARIA

O *Magnificat* "celebra" o acontecimento escatológico da vinda do Messias, não tanto porém em relação à própria pessoa do Messias e à sua natureza, quanto à história da salvação, como cumprimento inesperado e maravilhoso de todas as expectativas e de todas as promessas de Deus. Mais que a pessoa do Salvador, é o evento da salvação que está no centro da atenção, o *kairòs,* isto é, o tempo novo que se instaura. Estamos diante da salvação no estado inicial. No *Magnificat* presenciamos o próprio irromper da salvação na história: isso mantém intactos, nos séculos, a admiração e o mistério daquele momento tão esperado e que não se repetirá jamais, no qual se passou da profecia ao cumprimento e no qual a história iniciou um novo curso. Maria age como quem vendo cair uma pedra num lago, antes de ir examinar a pedra que caiu e a sua composição, se fixa a olhar encantada as ondas concêntricas que ela produziu e que do centro se espalham, a perder de vista, rumo às margens. Deus e o mundo aparecem sob nova luz por causa da vinda do Messias, e Maria é a primeira a olhar Deus e o mundo sob esta nova luz. O *Magnificat* pode ser definido, quanto ao conteúdo, como um novo modo de contemplar Deus e como um novo modo de olhar o mundo e a história. Digo "quanto ao conteúdo", porque quanto às palavras o *Magnificat* é o cântico menos novo que havia. Ele é entrançado de expressões e reminiscências do Antigo Testamento. Não podia ser de outro modo. Quer dizer, a realidade é cantada com as figuras que a tinham preparado. Nenhuma linguagem original e inédita teria obtido o mesmo resultado grandioso de concentrar, ao redor deste momento, tanta gravidez de significado. Cada palavra, aqui, condensa uma época, um evento salvífico, um personagem, uma profecia, relembra uma figura. Trata-se de uma invenção maravilhosa do Espírito Santo reunir, no mesmo momento, imagem e realidade, proclamar, conjuntamente, um final e um início. As palavras são as mesmas, mas mudaram-se as coisas. Este dizer com palavras antigas coisas novas faz parte do mistério da Escritura: indica por si só que a encarnação é "um mistério antigo e novo: antigo quanto à prefiguração e novo quanto à realidade". De um lado, o *Magnificat* reassume grande parte do Antigo Testamento, de outro anuncia grande parte do Novo. As bem-aventuranças evangélicas estão aí contidas como em gérmen e num primeiro esboço. O cântico de Maria é uma espécie de prelúdio ao Evangelho. Como no prelúdio de algumas óperas líricas, nele são acenados os motivos e as árias salientes destinados a ser desenvolvidos depois, no desenrolar da ópera.

O cântico de Maria – dizia – contém um olhar novo sobre Deus e seu mundo; na primeira parte, que compreende os versículos 46-50, no fluxo do que lhe aconteceu, o olhar de Maria se fixa em Deus; na segunda parte, que abrange os versículos restantes, seu olhar se volta para o mundo e a história.

1. Um novo olhar sobre Deus

O primeiro movimento do *Magnificat* é para Deus; Deus tem o primado absoluto sobre todas as coisas. Maria não demora em responder à saudação de Isabel; não entra em diálogo com os homens, mas com Deus. Não se prende em nada de intermediário, mas de imediato se fixa em Deus. Ela recolhe a sua alma e a lança no infinito que é Deus. No *Magnificat* foi *"fixada"* para sempre uma experiência de Deus sem precedente e sem parâmetro na história. É o exemplo mais sublime da linguagem dita numinosa. Foi observado que o manifestar-se da realidade divina no horizonte de uma criatura produz, comumente, dois sentimentos contrapostos: um de temor e outro de amor. Deus se apresenta como "o mistério tremendo e fascinante", tremendo pela sua majestade, fascinante por sua bondade. Quando a luz de Deus pela primeira vez brilhou na alma de Agostinho, ele confessa que "tremeu de amor e de terror" e que, em seguida, o contato com Deus o fazia também "tremer e arder" ao mesmo tempo (cf. Santo Agostinho, *Confissões*, VII, 16; XI,9). Encontramos algo semelhante no cântico de Maria, expresso de modo bíblico através dos títulos. Deus é visto como "Adonai" (que diz muito mais do que o nosso "Senhor" como vem traduzido), como "Deus", como "Poderoso" e sobretudo como *Qadosh,* "Santo": *Santo é o seu nome!* Uma palavra que envolve tudo de tremendo silêncio. Ao mesmo tempo, porém, este Deus santo e poderoso é visto, com infinita confiança, como "meu Salvador", como realidade benévola, amável, como Deus "próprio", como um Deus para a criatura. Mais importante que as palavras e os próprios títulos, é o estado de espírito que eles deixam transparecer; aquilo que evocam é mais do que dizem. As palavras não conseguem conter senão minimamente a realidade que Maria sente no seu coração. Faz pensar em alguém que enfia as mãos num grande monte de trigo, até sentir o volume apertar de todos os lados, mas que depois, quando consegue fechá-las e elevá-las para o alto, se dá conta de não ter conseguido prender senão poucos grãos.

O conhecimento de Deus provoca, por reação e contraste, uma nova percepção ou conhecimento de si e do próprio ser, que é o verdadeiro. O eu não se colhe senão defronte a Deus, "diante de Deus": "Um pastor, que é (se isto for possível) um eu defronte às vacas, é um eu muito baixo; um soberano que é um eu defronte aos seus servos, igualmente; e no fundo nenhum dos dois é um eu; em ambos os casos falta a proporção... Mas que acento infinito cai sobre o eu no momento em que obtém como medida Deus!" (S. Kierkegaard, *La malattia mortale* II,A,1). Na presença de Deus a criatura, portanto, conhece finalmente a si mesma na verdade. E assim vemos que acontece também no *Magnificat*. Maria se sente "olhada" por Deus, ela própria entra nesse olhar, se vê como Deus a vê. E como vê a si mesma nesta luz divina? Como "pequena" ("humildade" que significa real pequenez e inferioridade, não a virtude da humildade!) e como "serva". Percebe-se como um pequeno nada que Deus se dignou a olhar.

As grandes experiências de Deus atingem uma profundidade e essencialidade que concentra todas elas. Até Isaías, quando teve aquela extraordinária visão da majestade e da glória de Deus, súbito tomou consciência de si mesmo, do que era na verdade, e exclamou: *Ai de mim! Estou perdido, porque sou um homem de lábios impuros* (Is 6,1ss.). Estamos diante do sentimento criatural. Maria não confessa a sua "impureza", porque nela não existe impureza, mas reconhece igualmente a sua nulidade de criatura. A mesma experiência encontramos na vida de Francisco de

Assis. Uma noite, o seu íntimo companheiro e confidente, frei Leone, quis espiá-lo para ver como orava e viu que passava longas horas repetindo alternadamente, com o rosto e as mãos levantados ao céu: "Quem és tu, ó dulcíssimo Deus meu? Quem sou eu, vil verme e inútil servo teu?" (*Consid. sacre stimmate,* III; FF [= *Fonti Francescane*] 1915). Quem és tu? Quem sou eu? Nessas duas perguntas está toda sabedoria cristã que consiste em conhecer Deus e a si mesmo. Também Santo Agostinho orava, dizendo a Deus: "Que eu te conheça e que eu me conheça" ("Noverim te, noverim me"), (Santo Agostinho, *Sol.* II,1,1; PL 32,885). Nenhum dos dois conhecimentos pode desprezar menos um ao outro: o conhecimento de Deus sem o conhecimento de si geraria presunção, o conhecimento de si sem o conhecimento de Deus geraria desespero.

Nas palavras de Maria brilha, pois, em nova luz, a verdade das coisas, é "libertada a verdade que era prisioneira da injustiça" (cf. Rm 1,18ss.). O pecado – diz São Paulo – é a impiedade, o ter prisioneira a verdade de Deus na injustiça, e consiste em não glorificar Deus e render-lhe graças, mas vangloriar-se nos próprios pensamentos, pondo a criatura no mesmo plano do Criador. Maria inaugura o "mistério da piedade" que será realizado divinamente pelo Filho. Ela reconhece Deus como Deus e a si mesma como criatura de Deus, reconhece a diferença infinita. Tudo ela atribui a Deus e nada a si mesma, não só no campo do ser, mas também no do agir: *Grandes coisas* – diz – *fez em mim o Onipotente.* Deus é o autor, o agente principal; ela é apenas o "lugar" ("em mim") em que Deus age, embora um lugar livre, que colabora por isso com Deus com a disponibilidade e o seu sim. Maria "reconheceu a Deus o seu poder, a sua majestade sobre Israel" (cf. Sl 68,35). Ela de fato restituiu a Deus o seu poder! É "cheia de graça" porque é vazia de si. Houve um momento na minha vida, durante uma peregrinação a Lourdes, em que vi com clareza esta coisa, por força de me sentir impelido a rezar, dizendo: "Ave Maria, *vazia* de ti...", em vez de: "Ave Maria, *cheia* de graça...". Aqui Maria é a exaltação mais pura da graça, e é triste que no cristianismo isto não tenha propriamente sido reconhecido por aqueles que mais e melhor falaram da graça e a tenham anteposta ao mérito.

Desse reconhecimento de Deus, de si e da verdade, desprendem-se a alegria e a exultação: *meu espírito exulta...* Alegria proveniente da verdade, alegria pelo agir divino, alegria do louvor puro e gratuito. Aquilo que Santo Agostinho diz de si e de cada fiel vale de modo eminente para a Mãe de Deus que canta o *Magnificat*. "Louvo a Deus e, no louvar, me alegro, gozo no seu louvor. Seja gratuito o fato de amar e de louvar. E o que significa gratuito? Significa amar e louvar por si mesmo, não por qualquer outra coisa" (Santo Agostinho, *Enarr. Ps.* 53,10; CCL, 38,653s.). Maria engrandece a Deus por si mesma, ainda que o glorifique por aquilo que fez nela, isto é, a partir da própria experiência, como fazem todos os grandes orantes da Bíblia. O júbilo de Maria é o júbilo escatológico pelo agir definitivo de Deus e é o júbilo criatural de sentir-se criatura amada pelo Criador, a serviço do Santo, do amor, da beleza, da eternidade. É a plenitude da alegria. Se uma simples visita da graça divina é tal que faz exclamar a quem a recebe – como acontece a B. Pascal, naquela sua memorável noite de fogo –: "Deus de Abraão, Deus de Isaac, Deus de Jacó... Sentimento, alegria, paz. Alegria, alegria, lágrimas de alegria", que coisa teria sido a vinda de Deus em pessoa no seio da Virgem Mãe? São Boaventura, que tinha experiência direta dos efeitos transformadores da visita de Deus à alma, fala da vinda do Espírito Santo em Maria, no momento da Anunciação, como de um fogo que a inflama toda: "Sobrevém nela – escreve – o Espírito Santo como fogo divino que inflamou a sua mente e santificou a sua carne, conferindo-lhe uma pureza perfeitíssima... Oh! se tu fosses capaz de sentir, em alguma medida, qual e quão grande foi o incêndio descido do céu, qual refrigério recebido... Se pudesses ouvir o canto jubiloso da Virgem..." (São Boaventura, *Lignum vitae,* I,3). Também a exegese científica mais exigente e rigorosa se dá conta de que aqui nos encontramos diante de palavras que não são compreendidas com os meios normais de análise filológica e confessa: "Quem lê estas linhas é chamado a condividir o júbilo; só a comunidade concelebrante dos crentes em Cristo e dos seus fiéis está à altura destes textos" (H. Schürmann, *op. cit.*). É um falar "no Espírito" que não se pode compreender a não ser no Espírito. É como um som que se transmite através das ondas da atmosfera que não é ouvido por quem está imerso n'água, onde vigoram outras leis físicas de transmissão dos sons.

2. Um novo olhar sobre o mundo

Aquilo que Maria nos falou até aqui de Deus – que ele é onipotente e santo – é muito belo, mas como conciliar com o que vemos em ato à nossa volta, isto é, o sofrimento, a injustiça, a prepotência? Ou Deus *quer mas não pode* eliminar o mal, e então não é onipotente, ou *pode mas não quer*, e então não é santo. Ouçamos o que Maria tem a nos dizer a respeito.

Magnificat – dizia – compõe-se de duas partes. Aquilo que muda, na passagem da primeira para a segunda parte, não é o modo de se expressar nem o tom; deste ponto de vista, o cântico é um fluxo contínuo que não apresenta rupturas; continua a série de verbos no passado que narram o que Deus fez, ou melhor, "começou a fazer". Aquilo que muda é apenas o campo do agir de Deus: das coisas que fez "nela", passa-se a observar as coisas que fez no mundo e na história. Consideram-se os efeitos do definitivo manifestar-se de Deus, os seus reflexos sobre a humanidade e sobre a história. Aqui observamos uma segunda característica da sabedoria evangélica que consiste em unir à embriaguez do contato com Deus a sobriedade em olhar o mundo, no conciliar entre si o maior arrebatamento e abandono em referência a Deus ao maior realismo crítico em relação à história e aos homens. São Paulo descreve bem essa dupla atitude, feita de êxtase e de "loucura" quando se trata de Deus e de sábio discernimento quando se trata dos homens: "Somos – diz – fora de sentido por Deus e somos sóbrios por vós" (cf. 2Cor 5,13).

Com uma série de fortes verbos no aoristo, Maria descreve, a partir do versículo 51, uma reviravolta e uma radical mudança das partes entre os homens: Abateu – exaltou; encheu –, mandou embora de mãos vazias. Uma reviravolta imprevista e irreversível, porque obra de Deus que não muda e não volta atrás, como fazem ao invés os homens em suas coisas. Nessa mudança emergem duas categorias de pessoas: de um lado a categoria dos soberbos-poderosos-ricos, do outro, a categoria dos humildes-famintos.

É importante que compreendamos em que consiste uma semelhante reviravolta e onde ela acontece, porque de outro modo há o risco de entender mal todo o cântico e com isso as bem-aventuranças evangélicas que são aqui antecipadas quase com as mesmas palavras. Olhemos para a história: o que aconteceu, de fato, quando começou a se realizar o acontecimento cantado por Maria? Houve, porventura, uma revolução social e externa, pela qual os ricos foram, num golpe, empobrecidos e os famintos foram saciados de alimento? Houve, porventura, uma mais justa distribuição dos bens entre as classes? Não. Porventura os poderosos foram retirados materialmente dos tronos e os humildes exaltados? Não; Herodes continuou a ser chamado "o Grande" e Maria e José tiveram de fugir para o Egito por sua causa. Se pois aquilo que se esperava aqui era uma mudança social e visível, houve um desmentido total da parte da história. Então, onde aconteceu tal reviravolta? (Porque isso aconteceu!). Aconteceu na fé! Manifestou-se o Reino de Deus e isto provocou uma silenciosa, mas radical revolução. Como se tivesse sido descoberto um bem que, de um golpe, desvalorizou a moeda corrente. O rico aparece como um homem que pôs à parte uma enorme soma de dinheiro, mas de noite houve uma desvalorização de cem por cento e de manhã quando se levantou era um pobre miserável. Os pobres e os famintos, ao contrário, foram favorecidos, porque foram mais rápidos em acolher a nova realidade, não temem a mudança; têm o coração em prontidão. A reviravolta cantada por Maria é do mesmo tipo – dizia – daquele proclamado por Jesus com as bem-aventuranças e com a parábola do rico epulão. São Tiago, dirigindo-se aos ricos, dizia: *Chorai, gritai pelas desgraças que vos sobrevirão: as vossas riquezas apodreceram* (Tg 5,1-2). Porventura no tempo de São Tiago as riquezas dos ricos apodreciam materialmente? Não, mas o apóstolo quer dizer que aconteceu algo que fez perder para elas todo valor real; revelou-se uma nova riqueza. *Deus* – escreve ainda São Tiago – *escolheu os pobres do mundo para fazê-los ricos pela fé e herdeiros do Reino* (Tg 2,5). Ricos "pela fé", ricos "do Reino": enfim, eis aquilo que faz a diferença. Maria fala de riqueza e pobreza a partir de Deus; ainda uma vez fala "diante de Deus", toma como medida Deus, não o homem. Estabelece o critério "definitivo", escatológico. Dizer, pois, que se trata de uma reviravolta acontecida "na fé", não significa dizer que ela é menos real e radical, menos séria, mas que o é infinitamente mais. Isto não é um desenho criado pela onda na areia do mar que a onda seguinte apaga. Trata-se de uma riqueza eterna e de uma pobreza igualmente eterna.

Temos a melhor ilustração disso tudo na própria vida de Maria e no próprio Natal. Vejamos como vão as coisas no "albergue" de Belém. Chegam os ricos, reconhecíveis por seus grandes mantos, pelo anel precioso no dedo e pelas pesadas bolsas a tiracolo, chegam os notáveis da Galileia e da Judeia e os mercadores de passagem e todos são recebidos com grandes reverências, enquanto seus animais são encaminhados para a estrebaria. Chegam José e Maria e, anota o evangelista, "não havia lugar para eles na hospedaria" (Lc 2,7), de modo que devem refugiar-se na estrebaria, talvez aquela mesma do albergue, ou talvez uma diversa fora do lugarejo. Nada da grande reviravolta anunciada por Maria. Contemplemos, porém, agora as coisas. Onde estão os ricos e poderosos que naquele dia foram ali saciados e reverenciados por todos? Quem se recorda deles? O que resta daquela breve noite passada no coberto, na alegria? Foram "como se não tivessem sido". Foram verdadeiramente "mandados embora de mãos vazias". Ao contrário, quem não se recorda com comoção, não honra, ou ao menos não conhece, Maria e seu esposo José e o menino Jesus que então foram tão pouco estimados? Pode-se dar no mundo – para quem tem fé – uma reviravolta mais completa e radical que esta?

No último versículo, Maria indica a ação decisiva de Deus, aquela que explica todas as outras: *Socorreu Israel, seu servo, recordando-se da sua misericórdia, como havia prometido aos nossos pais, a Abraão e à sua descendência para sempre.* Aqui se refere à vinda do Messias, ao cumprimento da maior das promessas de Deus. Retorna-se àquele coração do mistério, resumido, anteriormente, nas palavras: "Grandes coisas fez em mim o Onipotente". Apenas que tal mistério, antes contemplado em si mesmo, na sua maternidade divina, agora é visto em referência a todo o seu povo, na inteira história da salvação. É este o verdadeiro ponto focal do cântico: a reviravolta das posições entre ricos e pobres não é evocada por si mesma, mas como sinal e manifestação deste evento escatológico que é a vinda do Messias. Para captar a carga de novidade que existe nestas simples palavras que fecham o *Magnificat,* seria necessário conhecer o que esperavam e o que pediam a Deus, em suas orações, os piedosos de Israel, no tempo precedente à vinda de Cristo. Nós possuímos, afortunadamente, uma destas orações: é Siraque 36,1-17, uma oração "pela libertação e pelo renascimento de Israel", da época dos Macabeus: *Ergue a tua mão... Renova os sinais e realiza outros prodígios... Apressa o tempo e recorda-te do juramento; narrem-se as tuas maravilhas... Tem piedade, Senhor, do povo chamado com o teu nome, de Israel... Cumpre as pro-*

fecias feitas no teu nome... Um tempo se dizia: Estende o teu braço, agora Maria diz: Estendeu o seu braço; dizia-se: Realiza outros prodígios, agora se diz: Realizou prodígios; se dizia: Recorda-te!, agora se diz: Recordou-se; dizia-se: Tem piedade do povo, agora se diz: Teve piedade de Israel; se dizia: Realiza as profecias!, agora se diz: Realizou as profecias. Com uma simples mudança dos tempos dos verbos, Maria expressou uma mudança de época, a passagem do tempo da espera para o tempo da realidade. Algo semelhante a isto que acontece na alma da mulher no momento em que, depois de longa e intensa espera, dá à luz finalmente o seu menino, acontece também na passagem da antiga para a nova aliança. A antiga aliança – diz Santo Agostinho – estava "grávida de Cristo". Agora ele veio; não está mais escondido, como uma criança no seio da mãe, mas presente; todo temor se muda em alegria e toda dúvida em certeza. Nisto, o *Magnificat* tem uma função insubstituível e belíssima na Igreja: ressuscitar, toda vez, o sentimento do evento, o estupor da hora escatológica, impedindo àquele momento passado de ser "passado", isto é, transcorrido para sempre; a função de manter intata, enquanto possível, a força daquela primeira vez que será também a única. Antes havia a espera, depois existe a memória. Nós vivemos na memória e o *Magnificat* faz com que esta memória seja, de qualquer modo, no Espírito, também presença.

3. O caminho da encarnação

O *Magnificat* – temos visto – é o cântico com que o evangelista Lucas interpreta espiritualmente o episódio da Anunciação e por isso o mistério da encarnação. Pois bem, o que Maria diz no seu cântico que ajude a compreender este mistério, além do fato fundamental, que ele "aconteceu", que o Messias está presente no mundo? Há, nele, algo que ilustra a via da encarnação, além do fato, algo que nos ajude a penetrar-lhe a essência, além da existência? Celebrando propriamente o Deus que escolhe, para a realização do seu plano, uma humilde serva, o Deus que abate os poderosos e exalta os humildes, Maria nos diz uma coisa fundamental para a compreensão da encarnação: diz-nos que esta aconteceu na humildade, fraqueza e pobreza. Diz-nos que Deus decidiu revelar-se... escondendo-se. Para nós esta escolha tornou-se coisa corriqueira, familiar, por causa dos dois mil anos de pregação do Evangelho, durante os quais ela foi a norma na vida dos santos. Mas para Maria era algo inaudito e surpreendente. A frase: "Exaltou os humildes!" é frase exclamativa, de admiração. Ela sabia bem em que roupagem se esperava o Messias ao seu redor, no seu povo, ao menos nos ambientes dominantes, e eis que ele está presente no mundo e ninguém o sabe.

Tudo isto que Maria diz, a propósito da escolha divina dos humildes e dos pobres, com respeito à terminologia, remete ao Antigo Testamento e a ideias difusas nos ambientes dos piedosos de Israel do seu tempo, mas quanto ao conteúdo, remete a um fato completamente novo. Deus conferiu uma nova face ao ideal dos pobres e dos humildes, escolhendo-o por si mesmo. Sabia-se que ele é o defensor dos pobres, que olha para o humilde, mas agora ele próprio se fez pobre e humilde, e isto é toda uma outra coisa. É verdade que o *Magnificat,* no Evangelho, precede Belém com sua pobreza e Nazaré com sua ocultação, mas tudo isto é antecipado na escolha que Deus operou da mãe do Messias, do ambiente e das circunstâncias da sua vinda ao mundo. Existiam naquele tempo em Jerusalém tantas moças, filhas de sumos sacerdotes, ricas, cultas; na própria Nazaré, Maria conhecia moças da sua idade bem melhores que ela, entretanto, Deus se recordou dela, exatamente dela, desconhecida e pobre menina. Quem jamais poderia ter imaginado coisa semelhante? Defronte a um fato novo da história ou da vida de uma pessoa, a surpresa maior não se tem quando isso atinge um ponto alto, mas quando tem início. O início contém a carga maior de novidade. Depois se acostuma, assiste-se a diferenças de grau, não de natureza; o salto é de quantidade, não mais de qualidade. O início é decisivo, no sentido em que decide todo o resto; põe as premissas de que todo o resto será apenas o desenvolvimento coerente. Assim a novidade maior não está na paixão de Cristo, mas na encarnação e, a propósito da encarnação, não é na descida na manjedoura, mas na descida na Virgem, não na escolha de um lugar pobre onde nascer, mas na escolha de uma mãe pobre de quem nascer. Na encarnação, assim como aconteceu, é já "nuclearmente", como sempre lembraram a teologia e a liturgia da Igreja, o mistério pascal, não só porque na encarnação se constituiu a pessoa do Redentor, o sujeito redentivo, divino e humano (do que deriva o valor infinito da sua morte), mas também porque no Natal é antecipado o modo como este Redentor salvará o seu povo: com a pobreza, com o sofrimento humilde e a obediência.

Desse modo o cântico de Maria nos diz, do mistério da encarnação, algo importante que nenhuma reflexão metafísica sobre a constituição do Redentor (uma pessoa, duas naturezas, comunicação dos idiomas etc.) teria sido capaz de dizer-nos. O *Magnificat* nos ajuda a completar a visão essencial e ontológica da encarnação, com aquela mais existencial e religiosa. Não importa, de fato, saber apenas que Deus se fez homem; importa também saber que o homem se fez. Deste ponto de vista, o *Magnificat* prossegue, no Novo Testamento, na página de Paulo na qual se diz que aprouve a Deus salvar os crentes com a loucura da pregação, que Deus escolheu aquilo que no mundo é fraco para confundir os fortes e aquilo que é ignóbil e desprezado e aquilo que é nada para reduzir a nada as coisas que são (cf. 1Cor 1,21ss.). É preciso ter a coragem de confessá-lo abertamente: a insistência muito unilateral, e às vezes deveras obsessiva, sobre os aspectos e os problemas metafísicos da encarnação fez perder de vista, em certos ambientes e em certas épocas da cristandade, a verdadeira natureza do mistério, reduzindo-o (como aconteceu também para a transubstanciação eucarística) a um mistério metafísico, mais que religioso, um mistério a ser formulado tecnicamente com categorias sempre mais rigorosas e inacessíveis ao povo, em um clima de perpétuo conflito teológico entre escolas. Francisco de Assis encontra aqui a sua colocação mais verdadeira e profunda. Não se trata, para ele, apenas da descoberta da importância da humanidade de Cristo (isto já fora na luta contra o docetismo e o gnosticismo) nem de uma simples devoção à humanidade de Cristo (isto já fora com São Bernardo), mas trata-se de uma redescoberta da *humildade* e da *pobreza* da humanidade do Salvador. Duas coisas

– dizem as fontes – tinham o poder de o comover até às lágrimas, toda vez que ouvia falar disso: "a humildade da encarnação e a caridade da paixão" (Celano, *Vita prima*, 30; FF 467). Em Greccio ele não se comove porque vê o Filho de Deus reduzido a um tenro menino, mas porque o vê pobre de tudo e exposto a toda necessidade (ib.). Nenhum traço, nele, daquela devoção à "infantilidade" que caracterizará mais tarde a devoção ao Menino Jesus. Francisco se coloca sobre a esteira do *Magnificat,* das bem-aventuranças e de Paulo.

Mas o *Magnificat* não lança luz apenas sobre o agir de Deus e sobre o mistério da encarnação, mas também, e antes de tudo, sobre a própria Maria. O modo mais seguro para conhecer uma pessoa no íntimo é conhecer a sua oração. A criatura não é jamais tão "verdadeira" e tão ela mesma, como quando entra no seu quarto, fecha a porta e ora ao seu Pai em segredo.

Quando falamos com os homens, ou em presença dos homens, nós somos sempre condicionados; devemos – às vezes, deveras, por caridade e dever – esconder alguma coisa, não podemos ser completamente abertos e, mesmo se o quiséssemos, não conseguiríamos. Com Deus acontece exatamente o contrário: não conseguiríamos esconder nada, mesmo se o desejássemos.

O *Magnificat* é, pois, antes de tudo uma maravilhosa janela aberta para a alma da Mãe de Deus, através da qual podemos entrever algo do esplendor de graça e de sabedoria de que é repleta. Ela é toda transparente a Deus. Jogando com o duplo significado – ora divino ora humano, ora passivo ora ativo – da palavra "graça", foi dito que Maria "é cheia de graça porque é cheia de graça" (Charles Péguy). Apraz a Deus porque é bela e é bela porque apraz a Deus; é cheia de graça com todos porque Deus foi cheio de graça para com ela. Pela sua oração ela nos aparece como "a grande rainha, porque a mais humilde das criaturas". Ela não é (aos próprios olhos!) senão uma pobre serva; ama confundir-se com os do seu povo; chama com infinita reverência Abraão, Israel e os "nossos pais", considerando-se tão pequena e insignificante em seu confronto, embora seja (aos olhos de Deus!) a maior de todas, a "expressão fixa do eterno conselho" (Dante Alighieri).

O MAGNIFICAT, CÂNTICO DA IGREJA

Santo Irineu, comentando a Anunciação, diz que "Maria, cheia de exultação, gritou profeticamente em nome da Igreja: *A minha alma glorifica o Senhor...* (Santo Irineu, *Adv. Haer.* III, 10,2; SCh 211, p. 118). O *Magnificat* não é, pois, apenas o cântico de Maria, mas também de toda a Igreja. "O *Magnificat* não foi dito uma vez apenas, no jardim de Hebron, mas foi posto para todos os séculos nos lábios da Igreja. A prova mais forte de que vem de Deus é que leva para Deus" (P. Claudel, *Corrispondenza,* Paris, 1952, p. 111). Maria é como a voz solista que entoa por primeiro uma ária que deve ser depois repetida pelo coro. É esta uma tranquila convicção da Tradição. Orígenes também a faz sua: "É por estes (isto é, para aqueles que creem) que Maria glorifica o Senhor" (Orígenes, in *Luc.* VII; GCS, 35, p. 54). Também ele fala de uma "profecia de Maria", a propósito do *Magnificat* (ib. VIII, 1). Isto quer dizer a expressão "Maria, figura da Igreja" (*typus Ecclesiae*), usada pelos Padres da Igreja e acolhida pelo Concílio Vaticano II (LG, 63). Dizer que Maria é "figura da Igreja" significa dizer que é a sua personificação, a representação em forma sensível de uma realidade espiritual; significa dizer que é o modelo da Igreja. Ela é figura da Igreja também no sentido em que na sua pessoa realiza-se, desde o início e de modo perfeito, a ideia de Igreja; que ela o realiza, sob a cabeça que é Cristo, o membro principal e a primícia.

O caráter "coral" ou eclesial do *Magnificat* não se deduz apenas da Tradição; não é apenas uma leitura dos Padres da Igreja, mas está inserido no próprio texto como se o lêssemos na Bíblia. Maria não fala apenas de si mesma. Nas fontes veterotestamentárias que o cântico da Virgem ressoa, é a "filha de Sião" que se expressa assim, isto é, uma pessoa que representa o povo inteiro (cf. Is 61,10).

Mas o que quer dizer aqui "Igreja" e no lugar de que Igreja Irineu diz que Maria canta o *Magnificat*? Não no lugar da Igreja nominal, mas da Igreja real, isto é, não da Igreja em abstrato, mas da Igreja concreta, das pessoas e das almas que compõem a Igreja. Os Padres da Igreja anunciaram o princípio segundo o qual aquilo que, na Escritura, se diz, em sentido geral, da Igreja vale, de modo singular, também para cada alma: "Igreja ou alma" (cf. Santo Ambrósio, *De Virginibus* I,31; PL 16,208). "A própria sabedoria de Deus, que é o Verbo do Pai, aplica universalmente (*universaliter*) à Igreja, aquilo que se diz especificamente *(specialiter)* de Maria e singularmente *(singulariter)* também da alma" (Isaac da Estrela, *Sermo* 51; PL 194, 1865). O *Magnificat* não é apenas para se recitar, mas para viver, para cada um de nós fazer seu; é o "nosso" cântico. Quando dizemos: "A minha alma glorifica o Senhor", este "minha" é para se compreender em sentido direto, não referencial. "Esteja em cada um – escreve Santo Ambrósio – a alma de Maria para glorificar o Senhor, esteja em cada um o espírito de Maria para exultar em Deus... Se de fato segundo a carne uma só é a mãe de Cristo, segundo a fé todas as almas geram Cristo; cada uma na verdade acolhe em si o Verbo de Deus" (Santo Ambrósio, in *Luc.* 11,26; CC, 14, p. 42). A Igreja deve fazer seu o cântico de Nossa Senhora por um motivo objetivo e profundo, porque é também ela, a título diverso, "virgem e mãe"; também nela grandes coisas fez o Onipotente. Igualmente a Igreja gera o Cristo: Maria gera a cabeça; ela, os membros do corpo de Cristo; e se a Igreja "dá à luz os membros de Cristo, quer dizer que é semelhantíssima a Maria (Mariae simillima)" (Santo Agostinho, *Sermo Mor. Guelf.* 1,8; PLS, 2,541).

À luz desses princípios, experimentemos agora aplicar a nós – à Igreja e à alma – o cântico de Maria, e ver o que devemos fazer para "assemelharmos" a Maria não só nas palavras, mas também nos fatos. O *Magnificat* nos ensina substancialmente duas coisas: sermos fervorosos com Deus e críticos, ou realistas com nós mesmos e com os homens. Ensina-nos o ideal da "sóbria embriaguez do Espírito": a embriaguez quando, na primeira parte, olha Deus, a sobriedade, na segunda parte, quando olha o mundo.

1. A embriaguez espiritual na oração

Maria, com seu cântico, impele-nos a não ter medo de "nos lançar" em Deus; lembra à Igreja que o seu primeiro movimento deve ser sempre para Deus, que ela deve viver "na presença de Deus" (*coram Deo*), antes ainda que na presença do mundo; estar e falar na presença de Deus, mais que na presença dos homens. Impele-nos a ressuscitar na Igreja o ideal da embriaguez espiritual, tão caro aos Padres da Igreja do IV século. "O Espírito Santo – escrevia Santo Agostinho – veio habitar em vós... Encontrou-vos vazios e vos encheu, famintos, e vos saciou, sedentos, e vos inebriou. Seja ele a vos inebriar de verdade. Diz o Apóstolo: Não vos embriagueis de vinho que leva à libertinagem'. Então, quase que para nos inculcar do que deveríamos nos embriagar, acrescenta: *Mas sejais repletos do Espírito Santo, entretendo-vos uns aos outros com salmos, hinos e cânticos espirituais, cantando e louvando ao Senhor com todo o vosso coração* (Ef 5,18s.). Quem se alegra no Senhor e canta a ele com grande entusiasmo não se assemelha porventura a alguém que está embriagado? Aprovo esta embriaguez!" (Santo Agostinho, *Sermo* 225; PL 38,1098).

Uma e outra embriaguez, a material e a espiritual, têm por efeito fazer sair de si mesmos, mas enquanto a primeira faz sair de si para viver sob si mesmas, no nível dos animais irracionais, a segunda faz sair de si para viver acima de si, ao nível do divino. Enquanto a embriaguez material, provocada pelo vinho, pela droga, ou até pela própria beleza, sucesso, inteligência, faz cambalear, torna instáveis, a embriaguez espiritual, unindo a Deus, torna estáveis e firmes.

O *Magnificat* nos ajuda a redescobrir a beleza do louvor puro, da admiração adorante diante da majestade e da santidade de Deus. Impele-nos a nos recolhermos, também nós, em nós mesmos para lançar a nossa alma no infinito que é Deus. A não nos contentarmos com uma oração incipiente, feita de palavras amortecidas, mas a tender para "certo contato espiritual" com a vivente realidade de Deus. Às vezes, é bom imitar mais proximamente Maria, criando a nossa oração, como faz ela no seu cântico, não nos limitando a repetir sempre palavras conhecidas e tomadas de outros. Maria é mestra no tecer, com as palavras antigas da Bíblia, uma oração toda nova, jovial, espontânea e pessoal. As palavras do *Magnificat* são cheias de ardente desejo de Deus. Maria adora de verdade Deus "em Espírito e verdade"!

Mesmo por dentro do quadro cadenciado e fixado pela liturgia, deve ser possível fazer transparecer aquela sensação de júbilo pela atual presença de Deus, se não fosse por outro meio ao menos pelo tom da voz e pela íntima participação do coração. Pelo modo e pelo tom com que sacerdote e povo se incitam mutuamente, na introdução ao prefácio da Missa, a louvar e dar graças a Deus sempre e em todo lugar, pode transparecer algo do espírito que anima o *Magnificat*. Seria estranho se ao convite do sacerdote: "Corações ao alto", o povo respondesse: "Nosso coração está em Deus!" *(Habemus ad Dominum),* sem jamais se preocupar em voltá-lo de verdade ao Senhor. Em algum momento faz bem – no qual a própria liturgia o permite – romper os esquemas estereotipados e reavivar a oração com algum elemento espontâneo, sugerido pelo Espírito no momento. Isso pode acontecer nas introduções e nas breves exortações que precedem certas partes da Missa e especialmente na oração dos fiéis, que, às vezes, poderia não ser exclusivamente oração de petição, mas também feita de aclamações de louvor, agradecimento, de júbilo e de adoração, com o povo que participa em coro, repetindo a cada invocação: "Glória (ou Graças) a vós, Senhor!", ou "Sois grande, Senhor!", "Santo sois, Senhor!", "Nós vos glorificamos, Senhor!".

2. O Magnificat, escola de conversão evangélica

Na segunda parte, na qual Maria proclama a ruína dos poderosos e dos soberbos, o *Magnificat* recorda à Igreja qual é o anúncio essencial que deve proclamar ao mundo. Ensina-lhe a ser também ela "profética". A Igreja vive e atua o cântico da Virgem quando repete com Maria: "Derrubou os poderosos, mandou embora os ricos de mãos vazias!", e repete-o com fé, distinguindo este anúncio de todos os outros pronunciamentos que tem também direito de fazer, em matéria de justiça, de paz, de ordem social, enquanto intérprete qualificada da lei natural e guarda do mandamento de Cristo do amor fraterno. Aquilo, ela deve anunciar por mandato direto, como a "boa-nova" que não espera para ser verdadeira, que se instaure uma hipotética justiça universal, mas que já é verdadeira, em ato; estas outras coisas deve persegui-las por dedução. Aquilo é dom gratuito de Deus, ligado à vinda do Reino, estas são fruto do esforço e da boa vontade do homem. Confundir os dois anúncios é invalidar um e outro, tornar ineficazes um e outro: o primeiro secularizando-o e o segundo sacralizando-o.

Se as duas perspectivas são distintas, não são, porém, separadas e sem algum influxo recíproco. Ao contrário, o anúncio de fé daquilo que Deus fez na história da salvação (que é a perspectiva na qual se coloca o

Magnificat) torna-se a melhor indicação daquilo que o homem deve fazer, por sua vez, na própria história humana, e, antes, daquilo que a Igreja mesma tem a obrigação de fazer, por força da caridade que deve ter também para com o rico, em vista da sua salvação. Mais que "um incitamento para derrubar os poderosos dos tronos, para exaltar os humildes", o *Magnificat* é uma salutar advertência dirigida aos ricos e aos poderosos sobre o tremendo perigo que correm, exatamente como será, nas intenções de Jesus, a parábola do rico epulão.

Aquele do *Magnificat* não é, pois, o único modo de afrontar o problema, hoje tão sentido de riqueza e pobreza, fome e saciedade; existem outros também eles legítimos que partem da história, e não da fé, e aos quais justamente os cristãos dão o seu apoio e a Igreja, o seu discernimento. Mas este modo evangélico é aquele que a Igreja deve proclamar sempre e a todos como seu mandato específico e com o qual deve sustentar o esforço comum de todos os homens de boa vontade. Ele é universalmente válido e sempre atual. Se por hipótese (ai de mim, remota!) existissem um tempo e um lugar em que não houvesse mais injustiças e desigualdades sociais entre os homens, mas todos fossem ricos e saciados, nem por isto a Igreja deveria cessar de proclamar, com Maria, que Deus manda embora os ricos de mãos vazias. Antes, por seu mandato, deveria proclamá-lo com maior força ainda. O *Magnificat* é atual nos países ricos, não menos que nos países do terceiro mundo.

Existem planos e aspectos da realidade que não se percebem a olho nu, mas apenas com o auxílio de uma luz especial: ou com os raios infravermelhos ou com os raios ultravioletas. A imagem obtida com esta luz especial é muito diferente e surpreendente para quem está habituado a ver este mesmo panorama à luz natural. A Igreja possui, graças à Palavra de Deus, uma imagem diversa da realidade do mundo, a única definitiva, porque obtida com a luz de Deus e porque é aquela mesma que Deus tem. Ela não pode ocultar tal imagem. Deve, antes, difundi-la, sem jamais se cansar, torná-la conhecida aos homens, porque dela depende o seu destino eterno. É a imagem que no final ficará quando tiver passado "o esquema deste mundo". Torná-la conhecida, às vezes, com palavras simples, diretas e proféticas, como aquelas de Maria, como são ditas as coisas de que se está íntima e tranquilamente convicto. E isto mesmo à custa de parecer ingênua e fora do mundo, defronte à opinião dominante e ao espírito do tempo. O Apocalipse nos dá um exemplo desta linguagem profética, direta e corajosa, na qual, à opinião humana, vem contraposta a verdade divina: *Tu dizes* (e este "tu" pode ser a pessoa individual, como pode ser uma sociedade toda): *"Sou rico, me enriqueci; não tenho necessidade de nada!", mas não sabes que és um infeliz, um miserável, um pobre, cego e nu* (Ap 3,17). Numa célebre fábula, fala-se de um rei a quem se fez crer, por embrulhões, que existe um tecido maravilhoso que tinha o privilégio de tornar, quem o vestisse, invisível aos tolos e aos ineptos, e visível apenas aos sábios. Ele, por primeiro, naturalmente não o vê, mas tem medo de dizê-lo, por temor de passar por um dos tolos, e assim fazem todos os seus ministros e todo o povo. O rei desfila pelas estradas sem nada em cima, mas todos, para não se trair, fingem admirar o belíssimo vestido, até se ouvir a vozinha de uma criança que grita entre a multidão: "Mas o rei está nu!", rompendo o encantamento, e todos finalmente têm a coragem de admitir que aquele famoso vestido não existe. A Igreja deve ser como a vozinha de uma criança, a qual, a certo mundo todo enfatuado das próprias riquezas e que induz a considerar louco e tolo quem mostra não acreditar nelas, repete, com as palavras do Apocalipse: "Tu não sabes que estás nu!". Aqui se vê positivamente como Maria, no *Magnificat*, "fala profeticamente pela Igreja": ela, por primeiro, partindo de Deus, pôs a nu a grande pobreza da riqueza deste mundo.

Todavia seria desvirtuar completamente esta parte do *Magnificat* que fala dos soberbos e dos humildes, dos ricos e dos famintos, se a limitássemos apenas ao âmbito das coisas que a Igreja e o crente devem pregar ao mundo. Aqui não se trata de algo que se deve somente pregar, mas algo que se deve antes de tudo *praticar*. Maria pode proclamar a bem-aventurança dos humildes e dos pobres porque ela própria está entre os humildes e os pobres. A reviravolta por ela prevista deve acontecer primeiro no íntimo de quem repete o *Magnificat* e reza com ele. Deus – diz Maria – abateu os soberbos "nos pensamentos do seu coração". De súbito, o discurso é levado de fora para dentro das discussões teológicas, em que todos têm razão, aos pensamentos do coração, no qual todos temos errado. O homem que vive "para si mesmo", do qual Deus não é o Senhor, mas o próprio "eu" é um homem que se construiu um trono e no qual se assenta ditando lei aos outros. Ora Deus – diz Maria – derruba estes tais do seu trono; põe a nu a sua não verdade e injustiça. Há um mundo interior, feito de pensamentos, vontade, desejos e paixões, do qual – diz São Tiago – provêm as guerras e os litígios, as injustiças e injúrias que estão em meio a nós (cf. Tg 4,1) e até que alguém comece sanar esta raiz, nada muda verdadeiramente no mundo e se alguma coisa muda é para reproduzir, dali a pouco, a mesma situação de antes.

Como o cântico de Maria nos atinge de perto, como nos questiona a fundo e como põe de verdade "o machado na raiz"! Que loucura e incoerência seria a minha se cada dia, às Vésperas, repetisse com Maria que Deus "derrubou os poderosos dos tronos" e, no entanto, continuasse a cobiçar o poder, um posto mais alto, uma promoção humana, uma promoção de carreira e perdesse a paz se isso demora a chegar; se cada dia proclamasse, com Maria, que Deus "mandou os ricos de mãos vazias" e, no entanto, aspirasse sem descanso enriquecer e possuir sempre mais coisas e coisas sempre mais refinadas; se preferisse estar de mãos vazias diante de Deus, antes que de mãos vazias diante do mundo, vazias dos bens de Deus, mais que vazias dos bens deste mundo. Que loucura seria a minha se continuasse a repetir com Maria que Deus "olha para os humildes", que se avizinha deles, enquanto mantém a distância os soberbos e os ricos de tudo, e depois fosse daqueles que fazem exatamente o contrário. "Todos os dias – escreveu Lutero comentando o *Magnificat* – devemos constatar que cada um se esforça por elevar-se além de si, para uma posição de honra, de poder, de riqueza, de domínio, para uma vida abastada e para tudo que é grande e soberbo. E cada um quer estar com tais pessoas, corre atrás delas, serve-as voluntariamente, cada um quer participar da sua grandeza... Ninguém quer olhar para baixo, onde existe pobreza, ignomínia, necessidade, aflição e angústia, antes, todos afastam o olhar de uma tal situação. Todos evitam as pessoas assim provadas, afastam-nas, deixam-nas sozinhas, ninguém pensa em ajudá-las, em assisti-las e em fazer com que elas tornem-se também alguém: devem permanecer embaixo e ser desprezadas". Deus – diz Maria – faz o oposto disto: tem a distância os soberbos e eleva até a si os humildes e os pequenos; está mais prazerosamente com os necessitados e os famintos que o atormentam com súplicas e com pedidos, do que com os ricos e saciados que não têm necessidade dele e não lhe pedem nada. Assim fazendo, Maria nos exorta, com ternura materna, a imitar Deus, fazer nossa a sua escolha. Ensina-nos os caminhos de Deus. O *Magnificat* é na verdade uma maravilhosa escola de sabedoria evangélica. Uma escola de conversão contínua. Como toda a Escritura, ele é um espelho (cf. Tg 1,23) e sabemos que do espelho podem-se fazer dois usos muito diversos. Pode-se usá-lo voltado para o exterior, para os outros, como espelho ustório, projetando a luz do sol para um ponto distante até incendiá-lo, como fez Arquimedes com as naves romanas, ou pode-se usá-lo tendo-o voltado para si, para ver nele a própria imagem e corrigir os defeitos e as sujeiras. São Tiago nos exorta a usá-lo sobretudo deste segundo modo, para pôr "em evidência" nós mesmos, antes que os outros.

A Escritura – dizia São Gregório Magno – "cresce por força de ser lida" *(Mor.* 20,1; PL 76,135). O mesmo acontece com o *Magnificat*, as suas palavras são enriquecidas, não consumidas, pelo uso. Antes de nós multidões de santos ou de simples fiéis oraram com estas palavras, saborearam a verdade, puseram em prática seu conteúdo. "Ora, aconteceu – escreveu um deles – que no dia de Natal assistia às Vésperas em *Notre-Dame* e, escutando o *Magnificat*, tive a revelação de um Deus que me estendia os braços" (P. Claudel, *Corrispondenza*, cit., p.33).

Pela comunhão dos santos no corpo místico, todo este imenso patrimônio se adere agora ao *Magnificat*. É bom rezá-lo assim, em coro, com todos os orantes da Igreja. Deus o escuta assim. Para entrar neste coro que atravessa os séculos, basta que pretendamos reapresentar a Deus os sentimentos e o entusiasmo de Maria que por primeira o entoou "em nome da Igreja", dos doutores que o comentaram, dos artistas que o musicaram com fé, dos piedosos e dos humildes de coração que o viveram. Graças a este maravilhoso cântico, Maria continua a engrandecer o Senhor por todas as gerações; a sua voz, como aquela de uma solista, sustenta e arrasta a da Igreja. Um orante do saltério convida todos a se unir a ele, dizendo: *Glorificai o Senhor comigo, exaltemos em uníssono o seu nome* (Sl 34,4). Maria repete aos seus filhos as mesmas palavras: Glorificai o Senhor comigo! *Vinde, filhos, escutai-me, ensinar-vos-ei o temor do Senhor* (ib.)". Maria, a Mãe do Senhor, a figura da santa Igreja, arrasta atrás de si a Igreja ao louvor de Deus, ao júbilo da salvação; a arrasta para Deus. E nós dizemos: sim, Maria, nós glorificamos o Senhor contigo e por ti, pelas grandes coisas que fez em ti o Onipotente e pelas grandes coisas que fez também em nós. Desde sempre e para sempre.

2
"GLÓRIA A DEUS E PAZ AOS HOMENS"

O mistério do nascimento de Cristo

O acontecimento do nascimento do Salvador, como aquele da encarnação, tem também no evangelho de Lucas o seu cântico e é o *Glória a Deus,* cantado pelos anjos na noite de Natal. Os cânticos representam – dizia – o exórdio da liturgia natalina, enquanto celebração festiva e pneumática dos eventos do nascimento e da infância de Cristo. Por isso eles entraram a fazer parte, desde o início, da liturgia cristã e ocupam nela, até agora, um lugar relevante: o *Benedictus,* o *Magnificat* e o *Nunc dimittis* na liturgia das horas – respectivamente nas laudes, nas vésperas e nas completas – e o *Glória* definitivamente na liturgia eucarística. Ao breve cântico dos anjos (Lc 2,13-14), foram acrescentadas bem cedo, desde o II século, algumas aclamações a Deus ("Te louvamos, te bendizemos...") em uso na liturgia hebraica e no Novo Testamento, seguidas, um pouco mais tarde, por uma série de invocações a Cristo ("Senhor Deus, cordeiro de Deus...") e assim ampliado, o texto foi introduzido no VI século, na Missa do Natal e depois em outras Missas festivas, nas quais permaneceu até hoje com o nome de "grande doxologia".

O *Glória*, cantado ou recitado no início da Missa, constitui um apelo ao Natal inserido no coração mesmo do mistério da ceia, significando a continuidade entre o nascimento e a morte de Cristo, entre o Natal e a Páscoa, no interior de um mesmo mistério de salvação. Santo Agostinho distinguia, no seu tempo, dois modos de celebrar um acontecimento da história da salvação: a modo de mistério e a modo de simples aniversário. Na celebração a modo de aniversário, não se requer outra coisa – dizia – senão "indicar com uma solenidade religiosa o dia do ano no qual ocorre a recordação do próprio acontecimento"; na celebração a modo de mistério ("in sacramento"), "não só se comemora um acontecimento, mas se faz também de modo que se compreenda o seu significado e se acolha piedosamente". Ele considerava a Páscoa uma celebração mistérica, embora colocasse o Natal entre as celebrações a modo de aniversário (Santo Agostinho, *Epist.* 55,1,2; CSEL 34,1, p. 170). O santo falava assim porque o Natal tinha sido apenas introduzido recentemente entre as festividades da Igreja e não fora ainda aprofundado todo o seu rico conteúdo também mistérico. Nós hoje não podemos mais manter aquela distinção. O Natal que celebramos não é apenas uma "recordação", mas é um "mistério", que exige também ele ser compreendido no seu significado para nós. São Leão Magno iluminava já este significado mistérico do Natal, falando do "mistério do nascimento de Cristo" *(Sacramentum Nativitatis Christi)* e dizendo que "os filhos da Igreja foram gerados com Cristo no seu nascimento, como foram crucificados com ele na paixão e ressuscitados com ele na ressurreição (*Ser. VI di Natale,* 2; PL 54,213).

1. Glória, paz e benevolência: o conteúdo do cântico

A aclamação angélica é composta por dois membros, nos quais os elementos singulares se correspondem entre si em perfeito paralelismo:

*Glória a Deus no alto dos céus
e paz na terra aos homens que ele ama.*

Os pares em paralelo são: glória – paz, a Deus – aos homens, no alto dos céus – na terra. A coisa mais importante a se notar, sobre o hino angélico no seu conjunto, é que "aqui não se tem propriamente uma doxologia, mas uma proclamação, em tom de exaltação hínica... Trata-se de uma expressão de confissão e de louvor, não de um desejo, e vem integrada com um "é", não com um "seja" (H. Schürmann, *Lukasevangelium,* Freiburg i.B. 1982). Trata-se de uma proclamação no indicativo, não no optativo. Em outras palavras, com o seu cântico os anjos exprimem o sentido daquilo que aconteceu, declaram que o nascimento do Menino realiza a glória de Deus e a paz para os homens. Como Simeão, no momento da Apresentação, dirá: "Este Menino está aqui para a ruína e a ressurreição de muitos" (cf. Lc 2,34), assim os anjos dizem: "Este Menino está aqui para a glória de Deus e para a paz dos homens". O cântico do *Glória* é pois uma espécie de didascália colocada sobre o cenário do Natal, que lhe revela o sentido profundo, em tom profético.

Procuremos agora colher o significado de cada termo do cântico. "Glória" (*doxa*) não indica aqui apenas o esplendor divino que faz parte da sua própria natureza, mas também e mais ainda a glória que se manifesta no agir pessoal de Deus e que suscita "glorificação" da parte das suas criaturas. É a glória de que se fala, por exemplo, em Ezequiel, no qual se diz: *"Bendita seja a glória de Deus, no lugar onde ela repousa!"* (Ez 3,12). Não se trata da glória objetiva de Deus, que existe sempre e independentemente de qualquer reconhecimento, mas do conhecimento, ou do louvor, da glória de Deus por parte dos homens. São Paulo fala, neste mesmo sentido, do *conhecimento da glória divina que refulge no rosto de Cristo* (2Cor 4,6).

"Paz" (*eirene*) indica, segundo o sentido prenhe da Bíblia, o conjunto dos bens messiânicos esperados para a era escatológica; em particular, o perdão dos pecados e o dom do Espírito de Deus. O termo é bastante próximo àquele de "graça" (*charis*) do qual é muitas vezes colocado ao lado nas saudações (cf. Rm 1,7). Ele indica bem mais que ausência ou eliminação de guerras e de confrontos humanos; indica a restabelecida, pacífica e filial, relação com Deus, isto é, numa palavra, a salvação. *Justificados pela fé* – diz o Apóstolo – *nós estamos em paz com Deus* (Rm 5,1). Nesta linha, a paz será identificada com a pessoa mesma de Cristo: *Ele é, de fato, a nossa paz* (Ef 2,14). No Natal, vem já anunciado aquele que será o fruto reassumido da Páscoa, porque se trata do início e da conclusão do mesmo mistério. O Natal representa a salvação no "estado nascente".

Por fim, o termo "beneplácito" ou "boa vontade" *(eudokia)* indica a fonte de todos esses bens e o motivo do agir de Deus que é o seu amor. A Vulgata traduzia, literalmente, "bonae voluntatis", "boa vontade", entendendo com ela a boa vontade dos homens ou os homens de boa vontade, e neste sentido a expressão entrou na linguagem cristã. Mas trata-se de uma interpretação errada, hoje reconhecida como tal. As descobertas de Qumran trouxeram a prova definitiva que torna agora certo o sentido objetivo, não subjetivo, do genitivo *eudokias*. "Homens ou filhos da benevolência" são chamados, em Qumran, os filhos da luz, os adeptos da seita (cf. *Inni,* I QH, IV, 32 s.; XI, 9). Trata-se, pois, no nosso cântico, dos homens que são benquistos de Deus, que são objeto da benevolência divina.

Mas na passagem do uso de Qumran para aquele do nosso cântico nota-se o salto que existe entre lei e Evangelho. Entre os essênios "o divino beneplácito" discrimina e separa alguns homens, distinguindo-os dos outros. É um genitivo partitivo: os homens do divino beneplácito são poucos eleitos. Em Lucas nada autoriza a fazer de *eudokias* um genitivo partitivo que distinga a categoria dos predestinados, objeto de uma escolha livremente graciosa de Deus. Ao contrário, esta alegria – dizem os anjos aos pastores – é "para todo o povo" (Lc 2,10) e Simeão saudará, logo mais, o Menino como "luz dos povos" e a sua salvação como "preparada anteriormente a todos os povos" (cf. Lc 2,31s.). Deus – escreve São Paulo – quer que todos os homens sejam salvos (cf. 1Tm 2,4). O fato de que em Qumran o beneplácito divino fosse entendido em sentido restritivo não significa nada, porque muitas coisas que junto aos essênios e no Antigo Testamento eram entendidas no sentido restritivo – como exemplo a categoria de próximo – no Evangelho são entendidas em sentido universal. Os homens da divina benevolência são, pois, todos os homens. É como quando se diz "os homens nascidos de mulher"; não se pretende dizer que alguns nasceram de mulher e outros não, mas apenas caracterizar todos os homens em base ao seu modo de vir ao mundo. Se a paz fosse concedida aos homens pela sua "boa vontade", então sim que ela seria limitada a poucos, àqueles que a merecem; mas como é concedida pela boa vontade de Deus, gratuitamente, ela é oferecida a todos.

2. Natal, festa da bondade de Deus

A palavra-chave para compreender o sentido da proclamação angélica é, pois, a última, aquela que fecha o hino, resumindo tudo no mistério insondável da "vontade bondosa" de Deus. O Natal não é um apelo à boa vontade dos homens, mas anúncio radioso da boa vontade de Deus para com os homens. Predestinou-nos a ser seus filhos adotivos "segundo o *beneplácito* da sua vontade"; fez-nos conhecer o mistério do seu querer, conforme havia preestabelecido "na sua *benevolência" (eudokia)* (Ef 1,5.9). Natal é a suprema manifestação do amor de Deus: nele se manifestou (*epefane*) – diz ainda o Apóstolo – a bondade de Deus e o seu amor pelos homens (*philanthropia*) (cf. Tt 3,4). Este é "orvalho" que no Natal se destilou dos céus, a "doçura" que choveu do alto.

Existem dois modos de manifestar a um outro o próprio amor. O primeiro consiste no fazer dons à pessoa amada. Acontece assim também na experiência humana: quando brota um amor entre duas criaturas, a primeira necessidade é fazer-se presentes e mimos para assegurar ao outro o próprio interesse e afeto. Deus nos amou assim na criação. A criação é toda um dom: dom é o ser que possuímos, dom as flores, o ar, o sol, a lua, as estrelas, o cosmo no qual a mente humana se perde... *Faz crescer o feno para os gados e a erva a serviço do homem, para que traga alimento da terra: o vinho que alegra o coração do homem e o pão que sustenta o seu vigor...* (Sl 104,14s.). Mas há um segundo modo de manifestar a um outro o próprio amor, muito mais difícil que o primeiro, é sofrer pela pessoa amada. E este é o amor com que Deus nos amou na sua encarnação. "Assim como não devia permanecer escondido quão intensamente Deus nos amasse, para nos dar a experiência do seu grande amor e mostrar que nos ama com um amor sem limite, Deus inventa o próprio aniquilamento, realiza-o e faz de modo a se tornar capaz de sofrer e de padecer coisas terríveis. Assim, com tudo aquilo que suporta, Deus convence os homens do seu extraordinário amor por eles e os atrai novamente a si, eles que fugiam do bom Senhor crendo ser por ele odiados" (N. Cabasilas, *Vita in Cristo,* VI, 2; PG 150,645); trad. it. aos cuidados de U. Neri, Turim, 1971). "Inventou o próprio aniquilamento", ele se "despojou" (*ekenosen*), tomando a forma de servo (cf. Fl 2,7). Deus não se contentou em amar-nos com amor de beneficência, mas nos amou também com amor de sofrimento.

Para compreender o mistério do Natal é preciso ter o coração dos santos. Eles não ficavam na superficialidade do Natal, mas penetravam no íntimo do mistério. "A encarnação – escrevia uma destas almas – realiza em nós duas coisas: a primeira é que nos enche de amor; a segunda, nos dá a certeza da nossa salvação. A caridade que ninguém pode compreender! O amor além do qual não existe amor maior: o meu Deus se fez carne para me fazer Deus! O amor desentranhado: destruíste-te para me construir. O abismo do teu fazer-te homem arranca dos meus lábios palavras tão desentranhadas. Quando tu, Jesus, me fazes compreender que nasceste por mim, como é glorificante para mim compreender um tal fato!" (B. Angela de Foligno, *Il libro,* Quaracchi 1985, p. 712s.). Durante as festividades do Natal, nas quais acontece a sua passagem deste mundo, esta insuperável, escrutadora dos abismos de Deus, uma vez mais voltando-se aos filhos espirituais que a circundavam, exclamou: "O Verbo se fez carne!" E depois de uma longa hora na qual permanecera absorta neste pensamento, quase voltando de muito longe, acrescentou: "Nenhuma criatura consegue. Toda inteligência dos anjos não basta!" E aos presentes que lhe perguntavam o que nenhuma criatura consegue e para que coisa a inteligência dos anjos não basta, respondeu: "Para compreender!" (ib. p. 726).

3. "Cur Deus homo": Por que Deus se fez homem?

Na sua brevidade e simplicidade, o cântico dos anjos "Glória a Deus e paz aos homens" nos permite dar uma resposta, fundamentada na Palavra de Deus, à antiga questão do porquê Deus se fez homem: "Cur Deus homo?". A esta pergunta, foram dadas, ao longo dos séculos cristãos, duas respostas fundamentais: uma que põe em primeiro plano a salvação do homem e uma outra que põe em relevo a glória de Deus; uma que acentua – para nos exprimir com as palavras do nosso cântico – o "paz aos homens" e outra que acentua o "glória a Deus". A primeira a ser formulada foi a resposta que acentua a salvação: "Para nós homens e para a nossa salvação – diz o símbolo da fé – desceu do céu, encarnou-se por obra do Espírito Santo em Maria Virgem e se fez homem". Esta resposta essencial assumiu várias colorações, segundo os ambientes e as necessidades criadas pelas heresias. Na época em que a fé estava empenhada em defender a realidade da humanidade do Salvador contra os gnósticos, insistiu-se no princípio da salvação pela *assunção:* Deus salva o homem assumindo-o em si, na sua pessoa. Salva o corpo, assumindo um corpo; salva a alma, assumindo uma alma; salva a vontade e a liberdade, assumindo uma vontade e uma liberdade humanas. "Aquilo que não é assumido – diziam os Padres desse período – não é curado" (São Gregório Nazianzeno, *Ep.* 101; PG 37,181). Uma outra articulação da resposta que faz suporte à salvação é aquela que fala de *divinização* ou de troca: Deus se faz homem para divinizar o homem; assume a nossa humanidade, para nos dar, em troca, a sua divindade. Assim se exprimiam Irineu, Atanásio, Gregório Nazianzeno, Máximo o Confessor, e tantos outros.

Mas a certo ponto do desenvolvimento da fé, na Idade Média, faz caminho uma outra resposta ao "Cur Deus homo", que desloca a acentuação do homem e do seu pecado para Deus e sua glória. Trata-se de um aprofundamento, em si como nunca legítimo e sadio da fé, como um caso de desenvolvimento coerente do dogma. Pode a vinda de Cristo, que é chamado "Primogênito de toda a criação" (Cl 1,15), depender totalmente do pecado do homem, que interveio a seguir na criação? Deus que "é" por si mesmo, o Ser em si, não pode agir senão por si mesmo; o agir de fato segue o ser. Já Santo Anselmo, com a sua teoria da satisfação, caminha sobre esta nova via: ele na verdade parte da ideia da honra a Deus, ofendido pelo pecado, que deve ser reparado e do conceito da "justiça" de Deus que se "satisfaz" graças à encarnação do Verbo. Ele escreve um tratado com o título "Cur Deus homo?" e diz: "A restauração da natureza humana não poderia ter acontecido, se o homem não tivesse pago a Deus aquilo que lhe devia pelo pecado. Mas o débito era tão grande que para saldá-lo – sendo obrigado apenas o homem, mas podendo-o só Deus – precisava que tal homem fosse Deus. Portanto, era necessário que Deus assumisse o homem na unidade de pessoa para fazer com que aquele que devia pagar e não podia, segundo sua natureza, fosse pessoalmente idêntico àquele que o podia" (Sto. Anselmo, *Cur Deus homo?*, II, 18). A situação – escreve Cabasilas, retomando um pensamento de São João Crisóstomo – era esta: por justiça o homem deveria ter assumido o débito e obtido a vitória, mas era servo daquele que deveria vencer na guerra: Deus, ao contrário, que podia vencer, não era devedor de nada a ninguém. Um, portanto, *devia* alcançar a vitória sobre Satanás, mas só o outro o *podia*. Ora, eis o prodígio da sabedoria divina, que se realiza na encarnação: os dois – aquele que devia combater e aquele que podia vencer – encontram-se unidos na mesma pessoa, em Cristo que é Deus e homem, e dele brota a salvação (cf. Cabasilas, *op. cit.* I, 5; PG 150,313; cf. São João Crisóstomo, *De ressurretione* 3 s., PG 50,438).

Sobre esta nova direção, Duns Scoto dá um passo decisivo, desligando a encarnação da sua ligação essencial com o pecado do homem e assinalando, como motivo primeiro, a glória de Deus. O motivo da encarnação está no fato de Deus querer ter, fora de si mesmo, alguém que o ame de modo absoluto e digno de si: "Em primeiro lugar – escreve –, Deus ama a si mesmo; em segundo, ele se ama através de outros diversos de si e trata-se de um amor puro; em terceiro lugar, quer ser amado por um outro que o possa amar de modo supremo, falando de amor de alguém fora dele" (D. Scoto, *Opus Parisiense*, III, 7,4). Cristo ter-se-ia encarnado mesmo se Adão não tivesse pecado, porque ele é o próprio coroamento da criação, a obra suprema de Deus (cf. ib.).

O problema do porquê Deus se fez homem torna-se o objeto da mais acesa disputa da história da teologia católica. De uma parte os tomistas, seguidores de Santo Tomás de Aquino, sustentavam o motivo da redenção do pecado, da outra os scotistas, seguidores de Duns Scoto, sustentavam o motivo que poderíamos chamar da glória de Deus. Hoje, não mais nos apaixonamos por essas disputas antigas e a pergunta "Por que Deus se fez homem?" é levantada quase só pelo seu interesse histórico. Ora, é bem verdade que havia naquela disputa algo de excessivo. Isto era devido ao modo bastante especulativo, do tempo, de fazer teologia, pelo qual, às vezes, se queria saber "mais do quanto é lícito saber, ainda que com sobriedade", como acontecia quando se pretendia saber o que teria acontecido se Adão não tivesse pecado. Mas, despojada destes excessos, trata-se de uma pergunta bastante importante, para que se possa deixar cair em esquecimento ou deixá-la em suspenso. O Acusador – aquele que acusa continuamente os homens diante de Deus e Deus diante dos homens – tira também motivo das disputas teológicas para montar acusações a Deus no coração dos homens. A característica do pensamento satânico, que se insinua sempre mais abertamente nos arrazoados dos homens de hoje, é de jogar sobre o fio sutilíssimo que divide a vertente das verdades supremas daquela oposta das mentiras supremas, costurar um sistema prendendo um fio de uma parte e um de outra, de modo a misturar intuições sublimes e sutis blasfêmias. Satanás, pois, lança a "suspeita" até sobre a encarnação, dizendo que, no fundo, Deus fez tudo por si mesmo e que foi ele que ganhou com a vinda do Filho entre nós. Antes de tudo procurou para si uma nova glória que antes não possuía: aquela de ter fora de si um adorador divino, alguém que o ama de modo absoluto e lhe dá uma glória digna dele. Em segundo lugar, Deus Pai adquiriu um poder sobre o Filho que antes não tinha; o Filho, de fato, tornando-se homem, submeteu-se ao Pai (como se isto fosse aquilo que o Pai queria: dominar sobre o Filho!). Tinha razão Lutero quando dizia que as objeções dos teólogos fazem sorrir em confronto àquelas que "o demônio sabe suscitar" (cf. *Tischreden,* nr. 518).

O problema que temos diante, reduzido ao essencial, é pois este: encarnando-se, Deus agiu para si ou para nós, por interesse ou por amor? A resposta que emerge luminosa e clara da Palavra de Deus é a seguinte: a encarnação é para a glória de Deus, mas esta glória não consiste senão no amar o homem. "A glória de Deus – dizia Sto. Irineu – é o homem vivente" *(Adv. Haer.* IV, 20,7), isto é, que o homem viva, que seja salvo. Também a piedade cristã intuiu esta ligação entre a glória de Deus e a nossa salvação, quando, desenvolvendo o cântico angélico, reza, dizendo: "Rendemos-te graças pela tua imensa glória" ("Gratias agimus tibi propter magnam gloriam tuam"). Por que *render* graças a Deus pela sua *glória,* a não ser porque se percebe que tal glória é também para nós, a nosso favor? Em nós que somos maus, agir "para nós mesmos" é supremo egoísmo, mas em Deus que é amor, agir "para si mesmo" é necessariamente supremo amor. Não existem, pois, dois motivos diversos ou, pior, em contraste entre si pelos quais Deus se fez homem, mas um só que envolve conjuntamente, de modo diverso, Deus e o homem: a glória de Deus está em dar aquilo que para o homem é salvação receber. João também, no seu evangelho, põe à luz esta concepção nova e perturbante da glória de Deus. Ele vê na morte de cruz de Cristo a suprema glória de Deus, porque nela se revela o amor supremo de Deus. Para um Deus que é amor, a sua glória não pode consistir senão em amar. O amor é o "porquê" último da encarnação, não a redenção do pecado. Vemo-lo na interpretação da morte de Cristo. Primeiramente a fé afirma o fato: "morreu", "ressuscitou"; depois, num segundo momento, descobre-se o porquê morreu e ressuscitou: "por nós", pelos "nossos pecados", "pela nossa justificação" (cf. 1Cor 15,3-4; Rm 4,25); por fim descobre-se porque morreu pelos nossos pecados: porque nos amava! *Ele me amou e deu-se a si mesmo por mim* (Gl 2,20); – Cristo *nos ama* e (por isso) *nos libertou dos nossos pecados com o seu sangue* (Ap 1,5). Aquilo que se diz da morte, se deve dizer também do nascimento: Deus nos ama e por isso se fez homem para a nossa salvação. *Deus amou tanto o mundo a ponto de dar seu Filho unigênito, para que cada um, crendo nele, não morra...* (Jo 3,16). Amou tanto o mundo, por isso deu o seu Filho!

4. Alguém para ser amado de modo supremo

Também os pensadores da Idade Média, Santo Anselmo e Duns Scoto, tendiam, mais ou menos explicitamente, a esta harmonia entre a glória de Deus e a salvação do homem do pecado, mas o sucesso da síntese era ainda obstaculado pela permanência em teologia de um conceito de Deus que, por certos aspectos, dependia mais da filosofia grega do que da Bíblia. Ao lado de tantos motivos de preocupação, a teologia atual da Igreja apresenta algumas fermentações e princípios preciosos, capazes de renovar o pensamento teológico e de levá-lo mais próximo da Bíblia e da experiência espiritual do povo de Deus. Vejamos como a descoberta do verdadeiro vulto do Deus da Bíblia, em ato na teologia hodierna, juntamente com o abandono de certos traços herdados do "deus dos filósofos", ajuda-nos a descobrir a alma da verdade encerrada na intuição dos pensadores medievais e, em particular, de Scoto e a alimentar com ela a nossa fé e o próprio júbilo natalício.

Na sua resposta à pergunta: por que Deus se fez homem? Santo Anselmo parte do conceito da justiça de Deus a ser satisfeita. Mas, fora o possível influxo da sociedade feudal germânica do seu tempo, ou da concepção jurídica romana, é certo que aqui nos encontramos diante de um resíduo da concepção grega de Deus. "Deus – está escrito a propósito desta concepção – é experimentado na irremovível legalidade do ser, como justiça *(dike)* e como princípio supremo de compensação. A ideia de Deus está estreitamente ligada ao conceito de uma justiça cósmica. Justiça é a essência deste Deus ao qual, em sentido estreito, não é possível dirigir a oração (H. Kleinknecht, Th.W.N.T., III, p. 71s.). Sobre essa visão de Deus está baseada a tragédia grega, na qual Deus é aquele que intervém para restabelecer a ordem perturbada pelo mal, mediante a punição divina. Também para Aristóteles, Deus "é essencialmente a condição última e suficiente para a existência da ordem cósmica" (ib., p. 74).

A Bíblia também conhece o conceito da "justiça de Deus" e insiste nela muitas vezes. Mas há uma diferença fundamental: a justiça de Deus, na Bíblia e especialmente no Novo Testamento e em Paulo, não indica tanto o ato mediante o qual Deus restabelece a ordem moral perturbada pelo pecado, punindo o transgressor, quanto o ato pelo qual Deus comunica ao homem a sua justiça, torna-o justo. A reparação ou expiação da culpa não é a condição para o perdão de Deus, mas a sua consequência. Santo Anselmo se esforça por fim, conseguindo-o sem dificuldade, por mostrar a compatibilidade e a harmonia entre a sua ideia de justiça e a de misericórdia: "A misericórdia de Deus – escreve – que te parecia negada quando aprofundávamos a justiça divina e o pecado do homem, a encontramos agora tão grande e tão harmonizada com a justiça que não se pode pensá-la maior e mais justa. Com efeito, que conduta pode ser mais misericordiosa do que aquela do Pai que diz ao pecador condenado aos tormentos eternos e privado daquilo que poderia salvá-lo: 'Toma o meu Unigênito e oferece-o por ti', enquanto o Filho por sua vez lhe diz: 'Pega e salva-te'?" *(Cur Deus homo?,* 11,20). A justiça de Deus não contradiz, pois, o seu amor; significa, porém, de fato, que o ponto de partida e a base desta explicação é a justiça e a *honra* de Deus, não o seu *amor*. A ideia mesma de justiça muda quando é vista em um Deus que é antes de tudo amor, como se vê pelo uso do Novo Testamento. A justiça, no Deus bíblico, deriva do amor, não o contrário. Ele não defende a sua justiça, mas a doa; é o "Deus-nossa-justiça" (Jr 23,6).

Até na resposta de Scoto o inconveniente e, verdadeiramente, a possibilidade daquela objeção de terrível que foi pressentida dependem do fato de que se parte de uma ideia mais aristotélica que bíblica de Deus. Removido este obstáculo, se vê como ela, antes de comprometê-la, edifica a fé e a enriquece com nova luz. Scoto diz que Deus decreta a encarnação do Filho para ter alguém, fora dele, que o ame de modo absoluto. Mas que Deus "seja amado", esta é a coisa mais importante e, antes, a única possível para Aristóteles e para a filosofia grega, não para a Bíblia. Para a Bíblia a coisa mais importante é que Deus "ama" e ama por primeiro (cf. 1Jo 4,10.19). "Deus – diz Aristóteles – move o mundo enquanto é amado" *(Metaf.* XII, 7, 1072b). "Uma divindade cuja essência mais íntima seja o amor, amor pelo homem, não só por alguns escolhidos, não entrou jamais na perspectiva dos gregos" (E. Rohde, *Die Religion der Griechen,* 1931, p. 38). Até quando, pois, na teologia, em lugar de "um Deus que ama", dominava a ideia de "um Deus que é para ser amado", não se podia dar uma resposta satisfatória à pergunta por que Deus se fez homem. Hoje o renovado contato com o pensamento bíblico e a superação de certas categorias metafísicas rígidas da Escolástica nos permitem, talvez, compreender melhor certos aspectos da revelação permanecidos na sombra, ao menos na reflexão teológica, se não na liturgia e na vida. "Ocorre – escreveu um grande teólogo – que o mundo o sabia: a revelação do Deus-amor modifica tudo aquilo que ele havia concebido da divindade" (H. De Lubac, *Histoire et esprit*, Paris, 1950). Ele cita, a propósito disso, uma palavra de Orígenes que disse: "No seu amor pelo homem, o Impassível sofreu uma paixão de misericórdia" (*Tom. in Mat.* 10,23; GCS, 10, p. 33). "Trata-se – faz-lhe eco um outro teólogo – de uma reviravolta decisiva na visão de Deus que não é, em primeiro lugar, poder absoluto, mas amor absoluto e cuja soberania não se manifesta no ter para si aquilo que lhe pertence, mas no seu abandono" (H.U. von Balthasar, *Mysterium paschale*, I,4). A soberania e a glória deste Deus manifestam-se "no inventar o próprio aniquilamento", no encarnar-se pela nossa salvação e morrer por nós.

Dessas premissas tem início uma nova solução do problema do sofrimento e de Deus, do motivo da encarnação. Deus quis a encarnação do Filho, não tanto para ter alguém fora dele mesmo que o amasse de modo digno, mas principalmente para ter alguém que *fosse amado* fora dele, de modo digno dele, isto é, sem medida; alguém que fosse capaz de acolher a medida do seu amor que é amar sem medida! Eis o porquê da encarnação. Assim "corrigida", à luz da genuína ideia bíblica de Deus, a intuição de Scoto e de tantos depois dele revela todo o seu peso de novidade e de verdade. No Natal, quando vem à luz em Belém Jesus Menino, Deus Pai tem alguém para amar fora da Trindade de modo absoluto e infinito, porque Jesus é homem e Deus ao mesmo tempo. Deus é definido na Bíblia *Ágape* (1Jo 4,10), não *Eros,* o seu é amor de doação, não de busca. Mas assim como "há mais alegria no dar que no receber", diz Jesus (cf. At 20,35), resulta disso que há mais alegria no dar amor que no recebê-lo.

Natal não é, pois, apenas a festa da alegria dos homens, mas também a festa da alegria de Deus. São Leão Magno, naquela vibrante homilia que a liturgia nos faz ler na noite de Natal, diz: "Alegre-se o santo, alegre-se o pecador..." (*Disc. 1 per il Natale,* 1; PL 54,191). Sim, mas alegre-se Deus Pai também! *Alegre-se o Senhor por suas obras (Laetetur Dominus in operibus suis)* (Sl 104,31). Alegre-se o Senhor porque as suas obras chegaram ao pleno cumprimento. Todas as criaturas alcançaram diante de Deus um novo esplendor, porque entre elas veio o seu Filho que é "a irradiação da sua glória e imagem de sua substância, aquele que dá consistência a todas as coisas" (cf. Hb

1,3). Comentando as primeiras palavras do Gênesis, um autor medieval escreve: *"A terra estava vazia e deserta.* Estava vazia porque o Verbo não se havia ainda feito carne. Estava deserta porque a divindade ainda não habitava entre nós, isto é, unida à nossa natureza. A nossa terra estava deserta porque nela não habitava ainda a plenitude da graça e da verdade. Estava vazia porque ainda não se fazia firme e estável pela união à divindade. Estava vazia porque ainda não repleta da solidez e plenitude divina... Vazia estava esta habitação terrestre porque não viera a plenitude dos tempos. Vazios estavam os corações dos homens porque não os havia ainda preenchido o Espírito Santo que devia ser enviado em seguida sobre os discípulos de Cristo. E as trevas recobriam o abismo porque ainda não viera a Luz verdadeira que ilumina todo homem que vem a este mundo" (A. Neckam, *De naturis rer.* I, 2; Th. Wright, 1863, p. 12s.).

Sobre a criação raiou agora o sol. A mesma diferença que há entre uma paisagem de montanha vista de noite, quando tudo está escuro e incute temor, e a mesma paisagem vista ao alvorecer, com o sol que acende de cor os cumes e inunda de luz o vale, a mesma diferença, e antes uma diferença infinitamente maior, existe, para Deus, entre o universo visto antes e depois da vinda de Cristo. Ele é o "sol que surge do alto". Escolhendo, para o Natal, a data de 25 de Dezembro, que era o dia dedicado ao "Sol invicto", a liturgia quis afirmar exatamente isto: que Cristo é o sol espiritual do mundo, o "Sol de justiça". Deus não deve mais perguntar-se: *Sobre quem voltarei o meu olhar?* (Is 66,2); existe enfim um ponto do universo no qual o Pai pode voltar o olhar e encontrar toda a sua complacência. Quem pode dizer que coisa provoca em Deus Pai e em toda a Trindade a existência nova aparecida na pobreza de Belém, e aquele Menino que chora na manjedoura? O nascimento de Cristo não é um evento confinado apenas na história, ele incide também na eternidade. Algo acontece na Trindade, quando o Verbo se faz carne. Captaram um aspecto verdadeiro e profundo do mistério aqueles artistas do renascimento que representaram o nascimento de Cristo sobre terracota, mostrando o Pai celeste cercado de anjos que contempla extasiado e com braços abertos pela comoção o Menino colocado na manjedoura, com a mesma íntima alegria com que o contempla a Mãe ajoelhada diante dele. A "complacência" de Deus que no Natal se volta sobre todos os homens é uma redundância da infinita complacência que o Pai encontra naquele Menino e que lhe faz exclamar: *Tu és o meu filho predileto, em ti eu me comprazo* (Lc 3,22). Nós somos amados no Dileto, filhos no Filho: *Nele nos escolheu... segundo o beneplácito (eudokia) da sua vontade. E isso em louvor e glória da sua graça* (Ef 1,4s.).

5. "Tornai-vos imitadores de Deus..."

Só depois de ter contemplado a "boa vontade" de Deus para conosco, podemos ocupar-nos também da "boa vontade" dos homens, isto é, da nossa resposta ao mistério do Natal. Esta boa vontade deve exprimir--se mediante a imitação do mistério do agir de Deus. E a imitação é esta: Deus fez consistir a sua glória no amar-nos, no renunciar à sua glória por amor: também nós devemos fazer o mesmo. *Tornai-vos imitadores de Deus como filhos caríssimos* – exorta o Apóstolo – *e caminhai no amor* (Ef 5,1s.). Deus encontrou a sua glória não tanto no ser amado quanto no amar e no amar por primeiro: "Que eu não procure tanto ser amado – dizemos com São Francisco de Assis – quanto amar, ser consolado quanto consolar, ser compreendido quanto compreender...". Deus – temos visto – não se contentou em amar-nos com um amor de beneficência, mas nos amou também com um amor de sofrimento. Chega, para todos, os dias em que não basta mais *dar*, mas importa *perdoar*, não basta mais presentear, mas é necessário sofrer pela pessoa amada e pela escolha feita. Acontece assim no matrimônio e acontece igualmente no celibato e na vida consagrada. Aquilo que no início foi um dom espontâneo, alegre e sem peso pode, a certo momento, transformar-se em grave peso ou em tentação e exigir uma total renúncia de si para ser mantido com fidelidade. É então que se vê se sabemos imitar Deus...

Imitar o mistério que celebramos significa abandonar todo pensamento de fazer-nos justiça por nós mesmos, abandonar toda lembrança de maldade recebida, apagar do coração todo ressentimento mesmo justo, para com todos. Não admitir voluntariamente nenhum pensamento "hostil", contra quem quer que seja: nem contra os próximos nem contra os distantes, nem contra os fracos nem contra os fortes, nem contra os pequenos nem contra os grandes da terra, nem contra alguma criatura que existe no mundo. E isto para honrar o Natal do Senhor, porque Deus não conservou rancor, não olhou o mal recebido, não esperou que o outro desse o primeiro passo em direção dele. Se isso não é possível sempre, o ano todo, façamo-lo ao menos no tempo em que nos preparamos para o Natal e no tempo que o segue, como o jejum mais indicado para o tempo do Advento: o jejum dos pensamentos e das palavras hostis. Não há modo melhor para exprimir a própria gratidão a Deus que imitando-o.

Vimos no início que o *Glória a Deus* não exprime um desejo, um voto, mas uma realidade; não supõe um "seja", mas um "é". Nós, porém, podemos e devemos fazer dele um desejo, uma oração. Antes, ele pode ser o modo natalino de cultivar a oração do coração, aquela oração que se repete continuamente e que, com poucas palavras, exprime tudo. "Seja glória a Deus no alto dos céus" conclui a melhor oração de louvor e "seja paz na terra aos homens amados pelo Senhor" fecha a melhor oração de intercessão. Repetindo-a assim, nós louvamos e intercedemos com palavras que Deus mesmo nos deu por meio dos anjos. No cântico evangélico, graças ao Espírito Santo que o inspirou e que opera também em nós quando o ouvimos e o meditamos, o acontecimento se faz presente, a história se faz liturgia. *Aqui e agora,* portanto, é proclamado e é para nós que é proclamado, da parte de Deus: *Paz aos homens que ele ama!* Que do íntimo da Igreja este anúncio dulcíssimo chegue ao mundo inteiro ao qual é destinado: *Paz na terra aos homens amados pelo Senhor!*

3
CRISTO "LUZ DOS POVOS E GLÓRIA DO SEU POVO ISRAEL"

O mistério da Apresentação

A revelação natalina sobre Jesus prossegue e, com alguns versículos, atinge o ponto alto no mistério da Apresentação no templo. Neste caso também, São Lucas desdobra o significado mistérico do acontecimento, servindo-se de um cântico que põe na boca do velho Simeão: o *Nunc dimittis* (Lc 2,29-32).

O rito da apresentação aparece de imediato, no caso de Jesus, diverso do costumeiro, e todo especial. Os termos estão veladamente invertidos: em vez de os homens apresentarem um menino a Deus, neste caso único, é Deus que apresenta um menino aos homens, por meio do seu profeta. Deus "introduz o Primogênito no mundo" (Hb 1,6). Antes do rito legal da Apresentação e do resgate do primogênito – que não vem descrito, se é que aconteceu –, há o rito novo em que Simeão, "movido pelo Espírito Santo", pega o Menino Jesus entre os braços, apresenta-o ao mundo com o seu cântico no qual o define "luz das nações e glória de seu povo Israel". O *Magnificat* canta o evento da vinda do Messias, do ponto de vista da Mãe, como cumprimento das promessas e início de um mundo novo; o *Glória* permite lançar um olhar no significado e no motivo deste evento; responde à pergunta: por que Deus se fez homem?; o *Nunc dimittis* contempla agora o próprio Salvador; põe no centro de atenção não o fato que nasceu nem mesmo o motivo pelo qual nasceu, mas a pessoa que nasceu. Com poucas e simples palavras é proclamado algo de incalculável alcance: o nascimento deste menino tem um significado determinante para toda humanidade, ultrapassando os confins de Israel; diante dele decide-se quem fica de pé e quem cai.

O cântico compõe-se de dois movimentos, ou elementos: um elemento subjetivo ou pessoal, no qual Simeão exprime os seus sentimentos e o seu estado de alma na presença do Messias esperado, e um elemento objetivo e universal, no qual fala do Messias como "luz dos povos e glória do seu povo Israel". Iniciemos a nossa reflexão pela segunda parte. Ela olha diretamente Cristo porque, embora venha depois na ordem das palavras, é primeira na ordem das coisas e dela depende todo o resto. Façamos primeiro, do *Nunc dimittis,* uma leitura cristológica e eclesial e depois uma leitura também pessoal; apliquemos o antigo princípio da exegese espiritual: "Igreja ou alma", segundo o qual "aquilo que se diz, na Escritura, da Igreja em geral, vale também para cada alma em particular" (cf. Santo Ambrósio, *De Virginibus* I, 31; PL 16, 208).

NUNC DIMITTIS
NUMA LEITURA ECLESIAL

No evangelho de Lucas – no qual o templo ocupa um lugar bastante central – a vinda de Jesus ao templo indica o momento do encontro entre a Lei e o Evangelho, entre a antiga e a nova aliança, entre o velho e o novo templo. Agora se completa a profecia de Ageu sobre a glória do novo templo reconstruído depois do exílio: *o esplendor futuro deste Templo será maior do que o primeiro* (Ag 2,9). O velho Simeão que pega nos braços o menino Jesus e pede para poder desaparecer em paz, tendo agora alcançado o seu fim, sempre foi visto como um símbolo plástico do Antigo Testamento que anuncia e espera a vinda do Novo e, uma vez aparecido no mundo, ele não desaparece, mas se põe de lado, como fazia também João Batista quando dizia: *Ora, a minha alegria está completa: ele deve crescer e eu ao invés desaparecer* (Jo 3,30). Apresentando o Menino como "luz dos povos", Simeão recorda a profecia do Servo do Senhor, do qual, a propósito, por duas vezes se diz que será "luz das nações" (cf. Is 42,6; 49,6). Conclui-se, pois, o tempo da profecia e inaugura-se o tempo da realização. A própria profecia com Simeão – como já com Maria no *Magnificat* – muda o centro de gravitação e a índole: não se trata mais tanto, como era para Isaías e todo o Antigo Testamento, de anunciar coisas futuras, dos últimos tempos, quanto de reconhecer alguém presente. Reconhecer e anunciar, no Espírito, o Cristo presente no mundo é o sentido mesmo da profecia cristã.

O sentido tipológico (como realização de figuras) da Apresentação no templo foi sempre evidenciado pela liturgia que vê realizada nela a profecia de Malaquias: *e de repente entrará no seu templo o Senhor, que vós procurais, o anjo da aliança que vós desejais* (Ml 3,1). "Aqui podes ver – escrevia Santo Ambrósio, comentando o nosso episódio – como toda sucessão da antiga Lei era imagem do futuro" (Santo Ambrósio, *In Luc.* 11,56). O episódio da Apresentação ilumina, porém, não apenas a *novidade* do Novo Testamento e do Evangelho, mas também a sua *continuidade* com o Antigo. Nas vésperas da liturgia bizantina da festa da Apresentação – chamada festa do Encontro, *Ipapant* – canta-se um hino que diz entre outras coisas:

Acolhe, Simeão, o Legislador que Moisés
entreviu sob a nuvem,
tornado Menino e obediente à Lei.
É ele que falara através da Lei,
é ele que falara pelos Profetas,
ele que se encarnou por nós
e que salvou o homem. Adoremo-lo!
(Composição em verso das Vésperas)

A Apresentação é na verdade a festa do Encontro *(Ipapant)* e não só entre Simeão e o Cristo, mas, através deles, entre a Lei e o Evangelho e entre os dois Testamentos. O próprio Orígenes, tão sensível à diferença entre a letra e o Espírito, põe às claras – ao comentar a Apresentação no templo – esta continuidade vital, contra os heréticos que contrapunham entre si Antigo e Novo Testamento: "Onde estão – exclama a propósito

Lucas 2,24 – aqueles que negam o Deus da lei e afirmam que Cristo no Evangelho revelou um Deus diverso dele?" (Orígenes, *In Luc.* XIV,7; GCS, 35, p. 99).

Se, de uma parte, com todos estes resíduos proféticos e com as palavras "glória do seu povo Israel", Jesus é apresentado ao mundo como ponto de encontro e de passagem entre o Antigo e o Novo Testamento e de passagem, de outra parte, com as palavras "luz para iluminar os povos", ele é apresentado como ponto de encontro entre Israel e o resto da humanidade, como aquele que fará ruir o muro de separação e fará "dos dois um povo só" (cf. Ef 2,14). Jesus assinala, pois, a passagem não só do velho ao novo, mas também do particular ao universal, de um povo a todos os povos. A sua salvação é "preparada diante a todos os povos", mas isso longe de diminuir a grandeza de Israel, aumentá-la-á. De fato, o privilégio único de Israel será exatamente este: que o Messias, que é "a sua glória", será também "luz para iluminar os povos". Em certo sentido pode-se dizer que a glória de Israel consiste no fato de que Cristo é luz dos povos. Isso quer dizer que a salvação é, sim, universal na sua destinação, mas "vem dos judeus" (cf. Jo 4,22).

Lido sob esta luz – como sempre fizeram os Padres da Igreja e a liturgia – o episódio da Apresentação de Jesus no templo, com o cântico de Simeão que o interpreta espiritualmente, contém uma extraordinária carga de atualidade e pode ser uma verdadeira fonte de luz e de discernimento eclesial, no contexto do debate, hoje em curso, sobre o significado de Cristo em confronto com as outras religiões e com os hebreus, isto é, no diálogo da Igreja com Israel e com os povos. A leitura tipológica, voltada ao *passado,* torna-se o trampolim para uma leitura eclesial voltada para o *presente.*

1. Cristo, luz para todos os povos

Apresentando a salvação, aparecida no mundo no Natal, como "preparada diante de todos os povos" e o próprio Messias como "luz para iluminar os povos", Lucas exprime já a certeza de fé sobre o significado absoluto e universal da pessoa de Cristo, que será repetida de mil modos diversos, ao longo de todo o Novo Testamento: Em João, com as palavras: *Ninguém vem ao Pai senão por mim* (Jo 14,6) e com as palavras: *Eu sou a luz do mundo* (Jo 8,12); nos Atos, com as palavras: *Não há salvação em nenhum outro, pois não há debaixo do céu qualquer outro nome dado aos homens que nos possa salvar* (At 4,12). O mundo pagão, de início, recusou até tomar a sério tal proposta que definiu uma "loucura" (cf. 1Cor 1,18ss.), ou uma coisa "irracional" (cf. Celso, in *Orígenes, C. Cels.* I,9). Em seguida, no IV século, quando o cristianismo estava então saindo vitorioso do sangrento embate com o mundo pagão, este último fez uma tentativa extrema para se manter em vida, entrincheirando-se atrás de uma posição conciliadora: "Ao grande mistério (da Verdade) – disse um dos seus mais ilustres representantes – não se pode chegar senão por um só caminho" (Símaco), entendendo por "único caminho" aquele dos cristãos. Atrás desta defesa do pluralismo escondia-se, na realidade, o relativismo religioso: não se pode conhecer Deus assim como é; portanto, todas as tentativas e vias para chegar a ele são igualmente boas e respeitáveis, também a da antiga Roma pagã!

A resposta cristã a esta objeção, dada indiretamente por Agostinho, foi a seguinte: é verdade que não se pode alcançar a Verdade por uma só via; a menos, que a Verdade não se faça ela mesma Caminho! Neste caso, não é mais verdade que não basta uma só via e que todas as vias são boas; a Verdade, de fato, basta a si mesma. Mas isto é precisamente o que aconteceu quando "o Verbo se fez carne"! Aquele que, enquanto Deus, era a Verdade e a Vida (pois "nele era a *Vida* e a Vida era a *Luz* dos homens"), agora, enquanto homem, é também a Via e pode por isso dizer: *Eu sou o Caminho, a Verdade e a Vida* (Jo 14,6). "Permanecendo junto ao Pai, ele é a Verdade e a Vida; revestindo-se de carne, tornou-se o Caminho" (Santo Agostinho, *In Ioh.* 34,9). *A Vida se manifestou* (1Jo 1,2), isto é, fez-se Caminho!

Ao redor dessa certeza que Cristo é o único caminho divino para a salvação e que não existe outro nome dado aos homens no qual possam ser salvos, construiu-se a consciência cristã e se desenvolveu ao longo dos séculos a missão cristã. Mas agora esta consciência cristã está em crise, está ameaçada. Está se declinando nos cristãos a certeza de que Jesus é o único Caminho, total, definitivo, para se chegar a Deus. Os sintomas de tal crise são, alguns, de ordem prática, outros de ordem cultural e teológica. Um sintoma, ou melhor, um dado de fato, é a passagem de numerosos cristãos dos nossos países ocidentais a formas de religiosidade consideradas "alternativas" ou "de substituição": seitas cristãs de natureza sincretista, correntes ou círculos de espiritualidade oriental, técnicas meditativas que, de instrumentos, acabam às vezes por se tornar um "credo" religioso autônomo. Os sintomas de ordem cultural e teológica são mais insidiosos porque agem permanecendo dentro da Igreja. Buscam-se pontos de convergência e de síntese para além dos grandes dogmas cristãos. Pergunta-se, por exemplo, se não se pode encontrar um ponto de convergência entre a ideia cristã de um Deus pessoal e aquela do Deus impessoal das religiões orientais (esquecendo, na prática, o dogma da Trindade), entre as Escrituras cristãs e as Escrituras de outras religiões, entre redenção cristã e libertação budista. Qualquer um avança até a ideia de uma economia divina de salvação mais ampla e compreensiva do que a bíblica e da qual faria parte o universo mesmo da Bíblia. Tudo isso nasceu, creio, de uma reação à afirmação tradicional "Fora da Igreja não existe salvação" ("Extra Ecclesiam nulla salus"); reação, em parte, justa, desde o momento em que o conceito de Igreja, em tal contexto, era entendido de modo então muito visível e restritivo. O feio é que esta reação envolveu também a Cristo juntamente com a Igreja, embora as duas coisas não possam ser pura e simplesmente identificadas e se não podemos mais dizer ao menos no sentido de outrora: "Fora da Igreja não existe salvação", podemos e devemos, ao contrário, dizer ainda: Fora de Cristo não existe salvação!

O equívoco atual a nível teológico nasce também do fato de não se distinguir o momento do diálogo inter-religioso do momento da profissão de fé dentro da Igreja. No diálogo são respeitadas a sensibilidade, a liberdade do outro, a prudente economia que leva em conta os tempos e que também Deus respeitou ao se revelar aos homens. Mas tal atitude prudencial e, por assim dizer, suspensiva, não pode ser transposta tal e qual na profissão e explicação da fé que se faz na Igreja, sem trair a própria fé, sem que o respeito ao pluralismo se transforme em relativismo religioso, ou, pior, em apostasia. Não podemos negar a nós mesmos aquilo que reconhecemos a todos os outros, quer dizer, o direito e o dever de, até o fundo, professar aquilo em que se crê.

Quem mais se ressentiu desta situação de incerteza teológica foi a missão cristã. Existem missionários (felizmente, creio, poucos) que se perguntam, depois de tudo o que leram na pátria antes de partir, se Cristo é verdadeiramente o único Caminho para Deus, se é necessário anunciar abertamente Cristo (também lá onde ainda é possível), ou se não bastaria, ao contrário, promover os valores religiosos dos povos junto aos quais trabalham, ajudando-os a ser "melhores muçulmanos", "melhores hinduístas", transformando-se, pois, em promotores de civilização mais que de fé, em conscientizadores mais que em anunciadores.

São Paulo escreveu: *Há um só Deus e um só mediador entre Deus e os homens, Jesus Cristo homem* (1Tm 2,5). Aquilo que entrou em crise, em vários níveis, é a segunda parte desta afirmação: a unicidade do Mediador. Na Igreja das origens um fato semelhante verificou-se em Colossos. Estavam naquela cidade dois mestres que punham em perigo a unicidade de Cristo. Cristo figurava como um dos mediadores, embora fosse o mais importante; junto a ele reconhecia-se o poder autônomo de certas forças angélicas que possuíam parte do *pleroma* divino e controlavam, cada uma, uma zona do universo ou um setor da vida humana. Era uma rendição, por parte de alguns doutos, a influências judaicas e pagãs, uma tentativa de introduzir o sincretismo na fé cristã. Paulo, apenas vindo a conhecer isto, escreve a epístola aos Colossenses; toda ela é um *kerigma*, que é, literalmente, um "grito" levantado em nome da pureza da fé. A plenitude da divindade habita em Cristo e só em Cristo, o qual não a divide com nenhum ser criado. Com a sua morte ele submeteu a si todas as coisas e reconciliou todos os homens com Deus; ele é por isso o Salvador único e suficiente de todos. Não nos pode haver outro. Existem, é verdade, no universo, espíritos superiores e poderes angélicos que exercem certa influência, mas eles são subordinados a Cristo e seus servidores. *Tendo, pois – conclui o Apóstolo – recebido o conhecimento do Senhor Jesus Cristo, guiai-vos por ele, enraizados e edificados nele, tornando-vos firmes na fé, dando continuamente ações de graças. Vede que ninguém vos engane com falsas e vãs filosofias, fundadas nas tradições humanas, nos elementos do mundo, e não em Cristo* (Cl 2,6-8). Paulo estabeleceu o critério para o fundamental primeiro "discernimento dos espíritos" no seio da Igreja: existe um único caminho divino de Salvação e este se chama Cristo; todos os outros são "vias humanas", "elementos do mundo", que não transcendem o horizonte do mundo, mesmo quando são boas.

Estamos aqui no coração mesmo do *kerigma* apostólico e deste coração vemos que faz parte a certeza da unidade, universalidade e absolutez da redenção operada por Cristo: *Porque, ainda que haja alguns que sejam chamados deuses, quer no céu, quer na terra, existindo assim muitos deuses e muitos senhores, para nós não há mais que um só Deus, o Pai de quem tudo procede e para quem nós existimos; e um só Senhor, Jesus Cristo, por meio do qual todas as coisas existem e nós igualmente existimos* (1Cor 8,5s.).

Todavia, também naquele tempo, a fé devia levar em conta todo o universo religioso consolidado e de grande prestígio. Era possível dialogar de uma posição tão "intransigente" como aquela do Evangelho? Claro que era possível e o Apóstolo mesmo nos dá o exemplo no discurso feito no Areópago de Atenas. Esse discurso não busca desqualificar, ou desfocar, a religião dos atenienses, mas antes de tudo desvela a sua intrínseca orientação para Cristo: *O que venerais sem conhecer, é que eu vos anuncio* (At 17,23). A fé cristã não destrói, antes "inverte" as suas expectativas e intuições mais profundas, como a que nós "somos da estirpe de Deus". Aquilo que eles buscavam até então, "andando como às apalpadelas", agora, em Cristo, se revela na sua luz plena. Aquilo que acontece é apenas que eles não podem continuar a crer seriamente, isto é, que "a divindade seja semelhante ao ouro, à prata e à pedra"; em outras palavras, a idolatria.

É importante para nós hoje notar uma coisa no agir de Paulo. Ao chegar a Atenas, ele se deu conta e fez saber aos atenienses que "eram muito tementes dos deuses"; como se diz: muito religiosos (ou até: mais religiosos de todos). Teria podido, por isso, dizer a si mesmo: com que finalidade perturbar tal população, que tem já uma religiosidade assim destacada e uma filosofia tão elevada, com um anúncio novo e estranho para a sua cultura? Deixemo-los às suas crenças! Ao invés não falou assim, antes julgou que exatamente porque aquele povo era muito religioso, precisava anunciar-lhe Cristo crucificado e ressuscitado. Religiosidade natural ou filosófica e *kerigma* de fé são duas coisas bem diversas entre si, que não se excluem, mas jamais se integram.

Os Padres da Igreja, que vieram a seguir, colocaram-se mais diretamente ao problema: que pensar das verdades religiosas presentes fora da fé cristã (por exemplo, na grecidade) e formularam também um critério de juízo. "A nossa religião – escreve Justino –

mostra-se mais sublime de toda outra doutrina humana por esta razão: porque Cristo, que apareceu para nós homens, representa o Logos na sua totalidade. De fato tudo aquilo que os filósofos e os legisladores em cada época declararam ou descobriram de bom, foi por eles feito mediante investigação e intuição, segundo a porção do Logos que lhes tocou por sorte. Mas porque não conheceram todo inteiro o Logos que é Cristo, se contradisseram muitas vezes uns aos outros... Cada um deles, de fato, segundo a porção do Logos divino seminal, expressou justas verdades, vendo o que tinha afinidade com ele; mas pronunciando, sobre pontos essenciais, proposições contraditórias, demonstraram não ter uma ciência elevada e um conhecimento irrefutável. Todos os escritores, de fato, só obscuramente puderam ver a verdade, graças à presença de uma semente de Logos inserida neles" (II *Apoe* 10.13). Entre Verdade cristã e verdades gregas é colocada, pois, uma relação construtiva, como entre o *Todo* e as *partes*. Mas não se trata de uma relação estática, na qual cada um pode se contentar com aquilo que possui: *as sementes de Logos* espalhadas fora do cristianismo esperam ser integradas no *Logos total,* que é Cristo. Há, pois, uma espera de Cristo também fora da Bíblia. Se o Antigo Testamento tende para Cristo como a figura tende para a *realidade,* a grecidade tende também ela para Cristo, como a parte tende, por dinamismo interno, a se reunir ao *Todo,* como as gotas d'água tendem, por lei física, a se unir entre si para formar um só pingo. Esse critério conserva a sua profunda validade também quando é aplicado hoje ao diálogo com as outras religiões; de fato, o Concílio Vaticano II o menciona no decreto sobre a atividade missionária: Os cristãos "devem conhecer bem as tradições nacionais e religiosas dos outros, felizes em descobrir e prontos a respeitar aqueles *germens do Verbo* que neles se escondem" (*Ad Gentes,* 11).

Há, pois, como um apelo a se elevar a Cristo desde o interno mesmo das outras religiões. Os Atos dos Apóstolos fazem referência ao como o cristianismo atravessou pela primeira vez os confins da Ásia e fez o seu ingresso na Europa: *Ora, durante a noite, Paulo teve uma visão: Um macedônio estava de pé diante dele e fazia-lhe este pedido: "Passa à Macedônia e vem ajudar-nos!"*, e ele passou pela Macedônia, supondo que Deus o chamava a anunciar ali a palavra do Senhor (At 16,9s.). O mesmo apelo silencioso se eleva hoje – se o sabemos escutar – dos povos que ainda não conhecem o Evangelho. Não se trata, para eles, de renegar os seus valores religiosos às vezes elevadíssimos, mas de completá-los. Também a estes povos e a estas culturas, o Cristo, chegando, repete o que dizia, em seu tempo, da Lei mosaica: *Não vim revogá-la, mas completá-la* (Mt 5,17).

Clemente Alexandrino, e outros Padres conjuntamente com ele, disse que a filosofia fora para os gregos como uma pedagoga que os devia conduzir a Cristo, uma espécie de propedêutica à fé (cf. *Str.* I,5,28), como – num sentido porém muito diverso – fora a Lei para os hebreus. Os fundadores das várias religiões, naquilo que disseram de válido, são como "precursores", como João Batista. Se pudessem falar, eles agora diriam como ele: *Eu não sou o Cristo*, e se perguntasse a eles: Então *quem és?*, cada um deles responderia: *Eu sou a voz de quem grita no deserto. Preparai o caminho do Senhor* (Jo 1,20-23). Sim, eles aplainaram, cada um junto ao próprio povo, o caminho para o Senhor. Fazem parte também eles da grande "preparação evangélica". Se, como é lícito pensar, estes homens se salvaram e estão junto de Deus, são-no pelos méritos de Cristo, porque "um morreu por todos" (2Cor 5,14), certamente não pelas suas obras ou pelos seus conhecimentos.

Temos um dado objetivo para estabelecer esta relação de subordinação, de outra forma inaceitável: Jesus – e Jesus somente – se apresentou aos homens como "Deus" e justificou de mil modos esta sua reivindicação; todos os outros fundadores históricos de religiões se declararam eles mesmos "mestres", "profetas", isto é, "homens"; os seus "caminhos" são vias "humanas".

Fazer das outras religiões caminhos preparatórios para Cristo, das "vias humanas" que preparam o "caminho divino", não é humilhá-las, mas exaltá-las, porque não é humilhante para o homem subordinar-se a Deus. Dizer que Cristo é "luz dos povos", não é fazer honra a Cristo, mas aos povos. Jesus disse: *Quem não junta comigo, dispersa* (Lc 11,23). Tudo aquilo que, nas outras religiões, de algum modo mesmo remotíssimo, não conduz a Cristo, perde-se, porque no fim fica apenas aquilo que foi recapitulado por Cristo e por ele "consignado ao Pai" (cf. 1Cor 15,24). Não se trata de pretender que os pertencentes a outras religiões aceitem este ponto de vista cristão (isto é fruto, portanto, de conversão e depende da *oikonomia* divina da salvação e da eficácia missionária da Igreja), mas ao menos que seja claro e pacífico para nós cristãos. Se não é claro nem sequer para nós, como poderemos colaborar com o desígnio divino, o qual, ao invés, "quer que todos os homens sejam salvos e cheguem ao conhecimento da verdade" que é Cristo?

(1Tm 2,4). Se Cristo é a luz dos povos, quem somos nós para pôr esta luz "sob o alqueire"? Nós devemos pô-la, ao contrário, sobre o candelabro, para que ilumine a todos aqueles que estão na grande casa do mundo. A um herético que negava a real humanidade de Cristo, Tertuliano fazia, nos inícios do cristianismo, um apelo acalorado que vale também hoje em face dos que negam a sua real divindade e a universalidade da sua salvação: "Não destruas a única esperança do mundo todo: parce unicae spei totius orbis!" (*De car. Chr.* 5,3; CCL 2, 881). Cristo é a esperança oculta de todos os povos e de todas as religiões que não é preciso destruir.

2. Cristo, "glória de Israel"

As palavras do *Nunc dimittis*, além de iluminarem o problema atual da relação entre Igreja e as religiões não cristãs, iluminam também o problema da relação entre a Igreja e o povo de Israel, entre cristãos e hebreus. Se Cristo é "a glória do seu povo Israel", nós cristãos devemos fazer todo o possível, primeiro para nós mesmos reconhecermos isto e, depois, para remover os obstáculos que impedem a Israel de reconhecê-lo. O primeiro e mais importante obstáculo a remover é aquele que já São Paulo chamava de "inimizade", "o muro de separação", feito de incompreensão, desconfiança e ressentimento recíprocos, um muro que Jesus derrubou com sua morte de cruz (cf. Ef 2,14s.), mas que ainda deve ser derrubado de fato, especialmente depois do que aconteceu nestes vinte séculos, depois da Páscoa de Cristo. São Paulo nos indica a via mestra para uma reconciliação entre Israel e a Igreja que passa pelo amor e pela estima: *Digo a verdade em Cristo* – escreve aos Romanos – *não minto e disso me dá testemunho a consciência no Espírito Santo: sinto uma grande tristeza e uma dor contínua no meu coração. Porque eu mesmo quisera ser separado de Cristo* (Paulo separado de Cristo!) *em favor de meus irmãos, são do mesmo sangue que eu, segundo a carne, que são israelitas, aos quais pertencem a filiação adotiva, a glória, as alianças, a legislação, o culto, as promessas; dos quais são os patriarcas e dos quais nasceu Cristo, segundo a carne"* (Rm 9,1-5).

Foi uma experiência que fiz pessoalmente, há alguns anos, durante a minha segunda peregrinação à Terra Santa. A primeira coisa que compreendi, já durante a viagem aérea, foi que, como cristão, não podia permanecer prisioneiro dos juízos políticos que se faziam no mundo sobre Israel, no clima de atentados e de represálias que se instaurara depois da conquista dos territórios árabes por parte de Israel, mas que devia amar este povo, porque "deles provém Cristo, segundo a carne". Amá-lo como o amaram e amam, Jesus, Maria, os Apóstolos e toda a Igreja primitiva originária dos judeus. Tratou-se de uma espécie de conversão a Israel que jamais tinha vivido desde então e, como toda conversão, exigia uma mudança de mentalidade e de coração.

Eles, os hebreus, são os consanguíneos de Jesus e "ninguém – está escrito – jamais odiou a própria carne" (cf. Ef 5,29). Jesus, que é um homem como nós, ainda se Deus, fica contente se nós cristãos amamos e escusamos aqueles da sua raça, mesmo se os temos rejeitado até agora. Aconteceu-me uma vez, no meu ministério sacerdotal, conhecer jovens e moças que, por terem-se consagrado ao Senhor, tinham sido rejeitados pelos pais e às vezes até injuriados e maltratados, e vi a alegria que provavam quando falava bem dos seus pais e buscava desculpá-los; alegravam-se mais se houvesse dado em tudo razão a eles e evidenciado a injustiça dos seus familiares. No caso de Jesus, esta é uma consequência e um aceno da sua encarnação real, que devemos respeitar quase com pudor, como se respeita a tragédia familiar de um amigo e se fala dela com discrição e sofrimento. Israel é o primogênito de Deus; "quando era ainda menino, Deus o amou" (cf. Os 11,1) e sabemos que o seu amor é "eterno" (Jr 31,3).

Os cristãos devem amar Israel não só em *memória*, mas também em *esperança*; não só por aquilo que foi, mas também por aquilo que será. A sua "queda", diz por fim o Apóstolo, "não é para sempre" e Deus "tem o poder de os enxertar de novo" (cf. Rm 11,11.23). Se a recusa deles marcou a reconciliação do mundo – prossegue o Apóstolo – o que poderá ser a sua readmissão, senão uma ressurreição dos mortos? (cf. Rm 11,15). Simeão diz que Jesus é "para a ruína e a ressurreição de muitos em Israel" (cf. Lc 2,34), o que pode ser entendido: pela queda de *alguns* e a ressurreição de *outros,* mas também, como o entende o Apóstolo: para a queda *primeiro* e a ressurreição *depois* de Israel. Todos estes séculos foram – do ponto de vista da fé cristã – um prolongamento da espera, como um longo *détour* na história, que não sabemos quanto durará ainda, para chegar ao ponto onde Jesus passará de novo por Israel e este poderá dizer, como está escrito: *Bendito o que vem em nome do Senhor!* (cf. Lc 13,35).

Desses pensamentos, nasceu de imediato em mim, naquela viagem, uma certeza: a Igreja é, portanto, responsável por Israel! Ela o é de modo único, diferente de como o é em relação a todos os outros povos. É a única a guardar no seu coração e a manter vivo o projeto de Deus para com Israel. Esta responsabilidade de fé exige que ela ame os Hebreus, espere-os, que lhes peça perdão, como já faz, por ter, em certas épocas, ocultado para eles o verdadeiro Jesus: aquele Jesus que os ama e que é a sua "glória", aquele Jesus que ensinou deixar--se antes vilipendiar e matar, que vilipendiar e matar os outros. Se a demora foi assim tão longa e dolorosa, isso aconteceu sem dúvida também por culpa dos cristãos. Sob esta luz compreendem-se os sinais novos que estamos vivendo na Igreja, como a constituição *Nostra Aetate* do Vaticano II, a visita do Papa à sinagoga hebraica de Roma, na qual se voltou aos hebreus como a "irmãos mais velhos", e por fim as normas emanadas de Roma para eliminar da catequese e da pregação cristã todos aqueles elementos e modos de se expressar que podem ferir a sensibilidade dos hebreus e que não são exigidos ou justificados pela fidelidade à Palavra de Deus.

Junto a esta responsabilidade relativa ao passado, existe uma outra que diz respeito à atual realidade de Israel como povo e como estado. Sobre esta realidade atual pode-se fazer um juízo humano e político, e pode-se fazer um juízo teológico ou de fé. O juízo político é aquele que os chefes de estado e a Organização das Nações Unidas expressam. Há aqui todo um campo aberto a avaliações diversas e opostas, porque toda política, compreendida a de Israel no Antigo Testamento, é por si mesma ambígua, misturada aos pecados do homem, mesmo quando

Deus se serve dela para os seus desígnios de Salvação, como acontecia, exatamente, no Antigo Testamento. O problema ainda não resolvido dos palestinos expulsos da sua terra, faz com que tal juízo político seja mais vezes de condenação que de aprovação de Israel. Mas os cristãos – dizia – não podem fixar-se neste juízo político ou diplomático. Há uma dimensão teológica ou histórico--salvífica do problema que só a Igreja pode captar. Nós condividimos com o povo hebraico a certeza bíblica de que Deus deu a ele o país de Canaã como uma possessão eterna (cf. Gn 17,8; Is 43,5; Jr 32,22; Ez 36,24; Am 9,14). Sabemos, por outro lado, que "os dons e o chamado de Deus são irrevogáveis" (Rm 11,29). Em outras palavras, sabemos que Deus deu a Israel a terra, mas não lemos em nenhum lugar que lha tenha tirado e para sempre. Podemos nós cristãos excluir que aquilo que está acontecendo em nossos dias – isto é, o retorno de Israel para a terra dos seus pais – esteja relacionado, de algum modo que não conhecemos ainda, a esta ordem providencial que diz respeito ao povo eleito e que se realiza também através dos erros e dos excessos humanos, como acontece, de resto, na própria Igreja? Se Israel deve entrar um dia na nova aliança, São Paulo nos faz compreender que isso não será como à desfolhada, mas antes como povo, como "raiz" sempre viva. Mas para Israel entrar como povo, é preciso que seja um povo, quer dizer, que tenha uma terra, uma organização e uma voz em meio aos outros povos da terra. O fato de Israel ter-se mantido como entidade étnica através de todos estes séculos e com tantas agitações da História é, em si mesmo, sinal de um destino que não se interrompeu, mas que espera completar-se. Povos expulsos da própria terra houve tantos, no curso dos séculos, mas nenhum se manteve por dois mil anos, como povo não misturado na nova situação. Diante desse fato não se pode deixar de recordar a palavra de Deus que se lê em Jeremias: *Se algum dia deixarem de subsistir estas leis diante de mim* (as leis que regulam o sol, a lua, as estrelas e as marés!) – *oráculo do Senhor* – *então cessará também a linhagem de Israel, não mais será nação diante dos meus olhos* (Jr 31,36). Até a cruz imensa que Israel levou às costas é um sinal que Deus prepara para ele uma "ressurreição", como a preparou ao seu Filho que representava Israel. Os próprios hebreus não estão em condição de acolher completamente este sinal da sua história, porque eles não aceitaram até o fundo a ideia de que o Messias "devia sofrer e assim entrar na sua glória" (cf. Lc 24,26), mas nós cristãos devemos acolhê-lo. Quando viu desenhar-se a tragédia do seu povo por obra do nazismo, Edith Stein recolheu-se um dia em uma capela em oração e em seguida escreveu: "Ali, sob a cruz, compreendi o destino do povo de Deus. Pensei: aqueles, que sabem que esta é a cruz de Cristo, têm o dever de tomá-la sobre si, em nome de todos os outros". E ela a tomou, de fato, sobre si, em nome de todos os outros.

A Igreja, pois, deve guardar estes sinais, como Maria guardava as palavras meditando-as em seu coração (cf. Lc 2,19). Ela não poderá voltar atrás e assumir os traços fisionômicos do antigo Israel, com a união tão estreita entre raça, terra e fé. A salvação nova foi preparada "para todos os povos". Aquilo que se pede é que Israel, segundo a carne, possa entrar a fazer parte do Israel segundo o Espírito, sem dever, por isso, deixar de ser Israel também segundo a carne, é isto que constitui a sua prerrogativa única. Assim Paulo e com ele todos aqueles que realizaram o trajeto da antiga para a nova aliança, podem dizer: "São Hebreus? Também eu! São Israelitas? Também eu! São da estirpe de Abraão? Também eu!". O Apóstolo chega a dizer: "Eu ainda mais" (cf. 2Cor 11,22s.) e com razão, ao menos segundo a fé cristã, porque só em Cristo se realiza o destino do povo hebraico e dele se descobre a grandeza. Não é com espírito de proselitismo que dizemos estas coisas, mas com espírito de conversão e de obediência à Palavra de Deus, porque é certo que a reunificação de Israel com a Igreja trará um arranjo na casa, será uma conversão de ambas as partes. Será também uma reunificação da Igreja com Israel.

A reconstrução da nação hebraica é um grande sinal e uma *oportunidade* para a própria Igreja, do que não conseguimos ainda compreender bem o alcance. Agora somente Israel pode reabrir o discurso sobre Jesus de Nazaré e é aquilo que, em certa medida, pequena mas significativa, já está acontecendo. Existem de fato não poucos que, no seio do hebraísmo, começam a reconhecer Jesus como "glória de Israel". Reconhecem-no abertamente como Messias e se definem hebreus "messiânicos", que é como que dizer "cristãos" na linguagem primitiva, sem passar pela tradução do grego. Eles nos ajudam a superar algumas de nossas perspectivas estreitas, fazendo-nos compreender que o grande e primordial cisma que aflige a Igreja e a empobrece não é tanto aquele entre oriente e ocidente, ou entre católicos e protestantes, quanto aquele mais radical entre a Igreja e Israel.

Às vezes no Novo Testamento, especialmente depois da Páscoa, fala-se da ida aos pagãos como consequência da recusa de Israel: *Visto, porém, que a repelis e vós próprios vos julgais indignos da vida eterna, voltamo-nos para os pagãos, pois assim nos ordenou o Senhor: "Estabeleci-te como luz das nações"* (At 13,46s.). Mas nos inícios do Evangelho, no *Nunc dimittis,* fala-se disto, ao invés, segundo o plano originário e maravilhoso de Deus, ainda não comprometido, em termos de harmonia e mútua edificação. O fato de que Cristo é "luz dos povos" não é visto como uma punição para Israel, mas como sua "glória". É belo, neste contexto de Natal, colocar no centro da atenção da Igreja esta visão originária das coisas porque ela será também aquela que, no final, se realizará, porque nada e ninguém pode impedir aos desígnios de Deus chegar a seu cumprimento, no tempo por ele estabelecido. Cristo será um dia, também de fato, ao mesmo tempo, "luz dos povos e glória do seu povo Israel" como já o é de direito! O de Simeão não era um augúrio, mas uma profecia.

O "NUNC DIMITTIS" NUMA LEITURA PESSOAL E ESPIRITUAL

Agora talvez podemos compreender melhor a parte inicial do cântico de Simeão que chamei parte subjetiva ou pessoal. Como Simeão se comporta diante da grandiosa perspectiva que vê abrir-se para o seu povo, ao despontar dos novos tempos messiânicos? Saber isso se torna atual e importante porque, através do exemplo de Simeão, a Palavra de Deus indica-nos como devemos nos comportar diante daquelas perspectivas novas que também hoje a história abre para a Igreja. Simeão, com poucas palavras, dá-nos um ensinamento fundamental que vale, sobretudo, para aqueles que se revestem de algum encargo público na Igreja. Ensina-nos o desprendimento, a liberdade de espírito e a pureza de coração. Ensina-nos como enfrentar serenamente aquele momento delicado da vida que é a despedida do serviço, a chamada aposentadoria, o ser colocado, como se diz, de lado, que tantas vezes se torna um drama, ou ao menos causa de sofrimento e de perda da paz. *Agora deixa, ó Senhor* – diz o velho sacerdote –, *que o teu servo vá em paz, segundo a tua palavra...* O mínimo que se pode dizer, diante dessas palavras, é que Simeão aguarda com serenidade a sua morte. Não lhe importa ter parte e nome na incipiente era messiânica; está contente que a obra de Deus se realize; com ele ou sem ele não tem importância.

A Bíblia nos apresenta toda uma série destes homens do *Nunc dimittis*, homens para os quais Deus conta infinitamente mais que a tarefa a eles designada por Deus. Moisés é um destes: ele sobe ao monte Nebo, avista finalmente a Terra Prometida pela qual tanto suspirou e sofreu, recebe de Deus "a ordem" de morrer e morre em paz (cf. Dt 34,4s.). João Batista é um outro destes homens "livres". Quando reconheceu o Messias esperado, disse, quase com as mesmas palavras de Simeão: "Agora a minha alegria está completa. Ele deve crescer e eu ao contrário diminuir". E aceita morrer em paz, sem ter visto o fim daquilo que tivera que prenunciar. Paulo é um outro destes homens: *E o tempo* – diz ao discípulo Timóteo – *da minha partida já se aproxima. Combati o bom combate, terminei a minha carreira e guardei a fé. Já nada me resta senão receber a coroa da justiça...* (2Tm 4,6-8). Diz isso enquanto grande parte do seu trabalho resta por fazer e boa parte do trabalho feito ameace se perder. O seu olhar se dirige para frente. Esquecido do passado e voltado para o futuro "corre para a meta para chegar ao prêmio que Deus o chama a receber lá em cima" (cf. Fl 3,13s.). Um outro ainda destes homens que viveram o espírito do *Nunc dimittis* é o mártir Inácio de Antioquia: "É belo – dizia, indo a Roma para sofrer o martírio – tramontar para o Senhor e ressurgir nele... É belo, para mim, morrer em Jesus Cristo... Procuro aquele que morreu por nós; quero aquele que por nós ressuscitou". Ele não se deixava deter nem pelo pensamento da sua Igreja que deixara na longínqua Síria, órfã do próprio pastor, em tempos tão ameaçadores. Confiava naqueles que permaneciam: "Recordai-vos vós – dizia –, nas vossas orações, da Igreja da Síria que em vez de mim tem Deus por pastor. Jesus Cristo velará sobre ela e a vossa caridade" (Santo Inácio de Antioquia, *Aos Rm* 2,2; 6,1; 9,1). Mas com que finalidade, de resto, fixamo-nos em modelos humanos quando temos um modelo divino? Jesus é o modelo divino do *Nunc dimittis*. Quando tinha apenas, pode-se dizer, começado a sua obra messiânica verdadeira e própria – curar os doentes, sarar os alquebrados, anunciar o Reino –, chega a hora de deixar tudo e dirigir-se apenas para a sua "hora". Ele não pensou e não apresentou ao Pai o quanto ainda lhe restava fazer, segundo as profecias, ou como seria oportuno permanecer ainda um pouco para confirmar os seus discípulos vacilantes, defender as suas reformas... Disse: "Agora eu vou a ti... Peço-te por aqueles que me destes... Eram teus... Eu não estou mais no mundo; eles ao contrário estão no mundo e eu vou a ti..." (cf. Jo 17,6ss.).

Esses homens do *Nunc dimittis* gostam de dizer a Deus, com o salmista: *Além de vós nada mais anseio sobre a terra. A minha carne e o meu coração já desfalecem, mas o Senhor é para sempre a rocha do meu coração e a minha herança* (Sl 73,25s.) e Deus gosta de dizer a tais homens, como disse a Abraão: *Eu sou o teu escudo e a tua recompensa será muito grande* (Gn 15,1). Não se quer dizer que tudo isso seja fácil; pelo contrário! Mas é "belo" olhar, mesmo se de longe, o cimo e com a ajuda de Deus encaminhar-se para ele ou simplesmente desejá-lo no fundo do coração. É belo ir além das meias medidas e queimar-se o olhar mirando-o para o absoluto. "Ninguém te perturbe, ninguém te amedronte – é uma espécie de testamento deixado a nós por Santa Teresa d'Ávila –; tudo passa; só Deus não muda; a paciência tudo vence; nada falta a quem tem Deus; só Deus basta". Deus somente! Essa é a palavra que resume melhor que qualquer outra o espírito do *Nunc dimittis.*

O *Nunc dimittis* não nos serve apenas para a hora da nossa morte, ou da nossa despedida do serviço. Já agora ele nos estimula a viver e trabalhar com este espírito, a realizar a função que ocupamos e desempenhar o cargo que temos, pequeno ou grande, de modo a poder deixá-lo com a serenidade e a paz de Simeão. Viver no espírito da Páscoa: com o cinto afivelado, o bastão à mão, as sandálias aos pés, prontos para abrir ao próprio Senhor quando vier e bater à porta...

Para poder fazer isto, é necessário que também nós, como o velho Simeão, "tomemos o Menino nos braços". Com ele estreitado ao coração, tudo é mais fácil. Simeão olha com tanta serenidade a própria morte, porque sabe, de agora em diante, que também além da morte encontrará o mesmo Senhor e será ainda um estar com ele, de outro modo. "Se alguém sai do mundo – exorta Orígenes –, se é libertado do cárcere e da morada dos prisioneiros para ir reinar, tome nas suas mãos Jesus, envolva-o com os seus braços, tenha-o apertado em seu peito e então poderá ir exultante de alegria para lá onde deseja" (Orígenes, *In Luc.* XV; GCS 35, p. 103). No céu existe uma fileira de santos e de santas que condividiram na terra o doce privilégio de Simeão de apertar nos braços o Menino Jesus. É uma coisa muito testemunhada, na história da santidade, para ser posta razoavelmente em dúvida. A uma destas santas que me é particularmente cara, a beata Ângela de Foligno, enquanto gozava de um tal privilégio, foram ditas estas significativas palavras: "Quem não me tiver conhecido pequenino, não me conhecerá de grande": quem não compreende o Natal não compreenderá a Páscoa, quem não compreende o Menino no presépio não compreende aquele que está na cruz. Às vezes, para obter algumas das grandes graças que percebemos nestas meditações sobre o Natal, poderíamos dizer com simplicidade o rosário dos mistérios gozosos junto com estes santos, que estreitaram nos braços Jesus Menino, para ajudá-los a agradecer, para ressuscitar no coração do Pai a alegria daquele instante quando no universo apareceu Alguém que podia amar de modo supremo..., e pedir-lhes poder estreitar também nós, na fé e na ardente devoção, Jesus Menino ao coração, na terra da nossa peregrinação. "Mostra-nos – digamos voltados à Mãe – neste exílio Jesus, o fruto bendito do teu ventre, ó clemente, ó piedosa, ó doce virgem Maria!"

4
"OS QUE ESPERAVAM A REDENÇÃO DE ISRAEL"

Depois de ter contemplado os mistérios relativos ao nascimento e à infância de Cristo servindo-nos, como guia, dos cânticos evangélicos, prossigamos agora a reflexão sobre "os evangelhos da infância", pondo em evidência alguns temas ou valores presentes neles e em particular a humildade, a alegria e o silêncio.

Na época do nascimento de Jesus, existiam em Israel quatro agrupamentos, ou partidos, de fundo político-religioso: os Saduceus, os Fariseus, os Essênios e os Zelotas. Antes mesmo que de partidos, tratava-se de mentalidades religiosas diversas. Todos esperavam uma mudança na sorte da nação, o advento de uma era de salvação, mais ou menos explicitamente ligada à vinda do Messias. A diferença entre eles procedia do modo diverso com que se concebia tal salvação e com que se preparava para ela.

Os *Saduceus* esperavam a mudança, para a melhor situação de Israel, por uma maior colaboração e integração com o mundo circundante, seja no campo político seja religioso. Eram herdeiros daqueles que, nos séculos anteriores, tinham sido os promotores de certa helenização dos judeus palestinos, mesmo a custo de tolerar usos e crenças pagãs, isto é, a custo de certo sincretismo. Pertenciam, em geral, às famílias sumo-sacerdotais e representavam a aristocracia do país. Encarnavam aquela que se diria, em termos modernos, a tendência "liberal" em questões de religião. Aquilo que mais lhes era caro não era a identidade, mas a importância de Israel, no grande jogo político e cultural do mundo de então. Por semelhante objetivo deixavam decair as crenças mais tipicamente sobrenaturais, como a ressurreição dos mortos, que era tão difícil de se aceitar, como sabemos, pelos gregos, como também a crença nos anjos e nos espíritos (cf. Mc 12,18ss.; At 23,8).

Os *Fariseus*, ao contrário, faziam depender a salvação da exata e pormenorizada observância da Lei mosaica. O seu nome significa "os separados": separados do resto do povo que "não conhece a lei" e, por isso, é tido por maldito (cf. Jo 7,49). Eram o grupo religiosamente mais forte e que tomava a sério as exigências de Deus. Paulo pertencia a eles e sabemos, por ele mesmo, que era zeloso e irrepreensível quanto à justiça que deriva da observância da lei (cf. Fl 3,6). Se os vemos, nos Evangelhos, tão frequentemente em confronto com Jesus, ao menos, porém, aceitavam discutir e examinar as suas palavras, o que não faziam os Saduceus. Existiam entre eles homens verdadeiramente piedosos, e diversos tornaram-se discípulos de Cristo. Mas as partes negativas da sua mentalidade eram muitas e graves. Na Lei, eles não buscavam, o mais das vezes, a viva e santa vontade de Deus, mas muito mais a própria justiça, isto é, a si mesmos. Estavam inclinados ao formalismo, quer dizer, a dar importância excessiva às formas externas da religiosidade, como a pureza ritual, em detrimento do interior temor e amor de Deus, o que denota sempre uma atenção mais voltada aos homens que a Deus, desde o momento em "que o homem vê a aparência, enquanto Deus perscruta o coração". Jesus dizia deles que faziam tudo "para serem vistos pelos homens" (cf. Mt 6,5). Eram inimigos de toda mudança e inovação; eram aqueles que diziam que "o vinho velho é melhor" (cf. Lc 5,39). Quando apareceu entre eles a grande novidade da história, que era Jesus e o seu Evangelho – o "vinho novo" –, escandalizaram-se e não souberam reconhecê-lo. Estavam muito ligados ao passado. Não ao grande e glorioso passado dos patriarcas e dos profetas, mas ao recente do judaísmo pós-exílico, com as suas escolas rabínicas. Mais que de *Tradição,* viviam de *tradições,* e de "tradições humanas", dirá Jesus (cf. Mc 7,8). O seu modo míope de voltar-se ao passado, pode-se vê-lo na discussão com Jesus sobre o divórcio: eles apelam para discussões das várias escolas rabínicas (se era lícito repudiar a mulher por qualquer motivo ou se ocorresse um motivo específico), Jesus todavia responde apelando para aquilo que era "no início" (cf. Mt 19,8).

O terceiro partido, ou agrupamento, era o dos *Essênios,* que hoje conhecemos melhor, graças às descobertas de Qumran. Tratava-se de um grupo restrito e fervoroso que tinha em grande estima a oração, a pobreza e até o celibato. Tinham-se destacado do culto e da hierarquia oficiais, que julgavam comprometidos com irregularidades e laxismo, e se tinham retirado para as margens do deserto, organizando-se, atrás do seu "mestre de justiça", numa espécie de *elite* espiritual fechada. A espera da salvação e do Messias era entre eles mais viva que em qualquer outro ambiente, mas era uma salvação exclusiva; consideravam-se a si mesmos os únicos salvos e os únicos salváveis, o único Israel verdadeiro.

Por fim, havia a que Flávio Josefo chama de "a quarta escola", ou quarto partido, e era o partido dos *Zelotas*. Surgidos, parece, propriamente por ocasião do censo no tempo de Quirino, de que Lucas faz também menção, por obra de certo Judas, o Galileu, recrutaram os seus adeptos dos vários grupos, mas sobretudo entre os Essênios. Os Zelotas são aqueles que não se contentam em esperar a salvação, mas a querem apressar e provocar pela força. A sua sublevação armada contra Roma, em 67 d.C., levou à catástrofe final e à destruição de Jerusalém. A salvação que eles esperavam é mais política que verdadeiramente religiosa, consiste no derrubar o poder político e econômico em ação, para instaurar um reino de Deus sobre a terra. Lutavam mais em vista da remissão das dívidas que em vista da remissão dos pecados.

1. Os piedosos do Evangelho

Se tentarmos agora reler os "evangelhos da infância", com essas breves premissas sobre o panorama religioso no tempo da vinda de Cristo, descobriremos, ao lado dessas quatro categorias mencionadas, a existência de uma outra categoria de pessoas, não registrada pelos historiadores e pelos anais do tempo, não constituída num grupo ou partido, mas que é, porém, a que incidiu mais na história. São pessoas diferentes. Diferentes internamente, no espírito. São os piedosos e os tementes a Deus "que esperavam a redenção de Israel" (cf. Lc 2,25.38); são os protagonistas humildes e comoventes dos "evangelhos da infância" que dão às narrativas de Lucas aquele fascínio e aquele ar de simplicidade e de fervor que conhecemos. Um mundo silencioso e humilde que agora vem à ribalta da história, não tanto porque eles vêm à luz, quanto porque a luz veio sobre eles... São Zacarias e Isabel, Simeão e Ana, Maria e José, e atrás deles a pequena multidão anônima que entra em contato com eles, como os parentes que vêm se alegrar com Isabel, os pastores, e aqueles aos quais a profetisa Ana fala do menino Jesus. Maria guia o coro desses piedosos e humildes de coração, como a mais perfeita síntese das suas virtudes. "Ela mesma – diz um texto da *Lumen Gentium* – sobressai entre os humildes e pobres do Senhor, que dele esperam e recebem com fé a salvação" (LG 55).

No modo como foi traçada a fisionomia espiritual desses "piedosos de Israel", nota-se com clareza a mão de Lucas. Todavia, Lucas depende ele próprio, nas suas informações, dos ambientes desses "piedosos"; os relatos da infância se formaram e se transmitiram entre eles, e deles como que absorveram e conservaram o espírito. O próprio evangelista Lucas narra que um dia Jesus exultou no Espírito Santo e bendisse o Pai por ter mantido escondidos os mistérios do Reino aos sábios e instruídos e por tê-los revelado "aos pequenos" (cf. Lc 10,21). Essa palavra de Jesus é o melhor comentário ao que acontece nos primeiros dois capítulos do Evangelho. Aquilo que sucede sempre no caminho do Reino, e que é dele a lei, realizou-se também em seu início. Não só os mistérios do Reino e o seu desenvolvimento, mas também o seu próprio aparecimento na terra esteve escondido aos sábios e aos instruídos, e foi revelado aos pequenos. Estes "pequenos" ou "humildes", como os chama Maria no *Magnificat,* são uma categoria espiritual antes mesmo que social; entre eles, de fato, estão os pastores, Maria, José, mas está também um sacerdote, Zacarias, e um ancião, Simeão, homem certamente entendido nas Escrituras.

Para esses "piedosos", aquilo que conta é Deus. Deus é para eles – como canta Zacarias – "o sol que surge do alto", que tudo ilumina. Eles também esperam a redenção de Israel, mas a esperam de Deus. O seu Deus não é um Deus polêmico, feito sob medida do próprio partido e instrumentalizado para fins segundos, mas é o Deus dos Pais e dos profetas de outrora. Consequentemente, eles têm uma extraordinária familiaridade com o Espírito Santo, que é o modo próprio de se fazer presente deste Deus vivo e verdadeiro. Isabel foi repleta do Espírito Santo (Lc 1,41), Zacarias foi repleto do Espírito Santo (Lc 1,67); o Espírito Santo estava sobre Simeão, ele lhe havia revelado que não conheceria a morte antes de ter visto o Messias e o impeliu a vir ao templo (Lc 2,26-27: três vezes é mencionado o Espírito Santo em dois versículos!). De modo todo singular, o Espírito Santo desce sobre Maria e opera nela a encarnação do Verbo.

Esses personagens se movem numa atmosfera propriamente "pneumática", vivem "no Espírito". São sensíveis e dóceis ao Espírito, como as folhas ao vento. Estão, por isso, sempre prontos ao louvor: o cântico jubiloso, a glorificação de Deus, a exclamação de admiração são coisas tão naturais para eles, que não fazem, pode-se dizer, senão "bendizer" e "glorificar", a todo o tempo, o Senhor. São o modelo perfeito dos fiéis "fervorosos no Espírito" (Rm 12,11). Sabemos tudo isto e podemos afirmá-lo com segurança porque conhecemos o seu modo de orar. Os "evangelhos da infância" estão, de fato, repletos das suas orações: o *Benedictus,* o *Magnificat,* o *Nunc dimittis,* sem contar as orações indiretas, como aquelas dos pastores, de quem se diz terem retornado para casa "glorificando e louvando a Deus" (Lc 2,20).

O Espírito Santo desvela para eles, antes de tudo, o mundo da Bíblia. Eles fazem a primeira "leitura espiritual" do Antigo Testamento, isto é, leem as promessas de Deus à luz do seu cumprimento, como fará em seguida toda a Igreja. Pensam, falam e rezam com a Bíblia. É fácil para nós, hoje, atribuir tudo isso ao trabalho redacional do evangelista ou à tradição oral anterior, mas talvez, fazendo assim, escape-nos o fato principal, que vemos, entre outro, repetir-se exatamente cada vez que o Espírito se põe a agir de novo, de modo intenso, num grupo de pessoas ou numa alma na Igreja; o fato é que a Bíblia se ilumina, torna-se palavra viva, como se Deus respondesse ao homem, diretamente, pelas páginas da Escritura e estabelecesse com ele uma espécie de diálogo. Trata-se de uma aproximação da palavra revelada que foge aos critérios normais do estudo e da crítica e que permanece incompreensível para quem não fez dela alguma experiência.

Diferentemente dos Fariseus, frequentemente presos às tradições recentes, estes "piedosos" movem--se entre os acontecimentos e as grandes figuras da história da salvação; referem-se a Abraão, a Davi, aos profetas. Remontam às origens, como fará mais tarde Jesus. Não se perdem em aspectos secundários e de pouco valor, menos ainda se demoram em discutir a respeito de pontos obscuros da Bíblia, como ao contrário fazem de preferência os que a leem por ciência ou por curiosidade. Como os Fariseus, também essas pessoas amam e observam a Lei. De Zacarias e Isabel se diz que eram justos "diante de Deus e observavam irrepreensivelmente todas as leis e as prescrições do Senhor" (Lc 1,6). Diversamente dos Fariseus, porém, eram justos "diante do Senhor", não diante de si mesmos! Maria e José trouxeram o menino a Jerusalém para oferecê-lo ao Senhor "como está escrito na lei de Moisés" (Lc 2,22s.); em seguida, eles subiam todo ano a Jerusalém para a festa da Páscoa como era então prescrito pela Lei. Não o faziam, porém, para ficarem bem com a Lei, mas por um espírito de obediência interior e de fidelidade a Deus, autor da Lei. Em Simeão e Ana, Lucas vê encarnada uma espécie de "piedade do templo": mas o templo é na verdade para eles, como dirá Jesus, "casa de oração", não lugar de barulho, de discussões e de negócios humanos (cf. Lc 19,46).

Esses "piedosos", mais ainda que dos Fariseus, distanciavam-se dos Saduceus. Eles viviam imersos no sobrenatural e tinham uma grande familiaridade com os anjos, dos quais os Saduceus negavam até a existência.

Distinguiam-se radicalmente também dos Zelotas. Eles esperam, sim, a "libertação de Israel da mão dos seus inimigos" (cf. Lc 1,74), mas esperam-na de Deus, com a oração, não do homem, com as armas. Não odeiam ninguém, não polemizam com ninguém, mesmo com Herodes que lhes faz tanto mal nem com os romanos. Diante do recenseamento ordenado por César Augusto, Maria e José se põem em viagem "para se recensear", pondo em prática antecipadamente a doutrina de Jesus: "Dai a César o que é de César", entretanto, defronte ao mesmo acontecimento, Judas, o Galileu, dava início à rebelião zelota.

Os protagonistas dos "evangelhos da infância" possuem algum traço em comum com a piedade dos Essênios: o mesmo culto da Aliança e espera da salvação. E, de fato, o filho de Zacarias, João Batista, parece ter tido contatos com eles, ao menos até certo momento da sua vida. Mas, distintamente dos Essênios, esses "piedosos" do Evangelho não se separam do resto da nação, permanecem ao contrário no seu lugar. José é carpinteiro; Maria, a noiva pura; Zacarias, o sacerdote, e quando chega a sua vez realiza com diligência o seu serviço no templo; Simeão é o ancião e Ana é uma espécie de oblata, que presta, no templo de Jerusalém, aqueles pequenos e preciosos serviços que uma valente e devota viúva realiza, frequentemente, no serviço da Igreja paroquial, cuidando das flores, da limpeza e das toalhas do altar. Vivem, portanto, nas situações ordinárias da vida, mas dentro delas cultivam uma religiosidade toda sustentada pela fé, esperança e humildade. Não são eles que se colocam juntos para formar uma elite espiritual, mas é Deus que, com sua escolha, os faz encontrarem-se e se reconhecerem para poderem se sustentar mutuamente e servirem de sinal uns aos outros. Eles não são, por isso, um grupo fechado; possuem ao invés um coração universal, aberto não só a todo Israel, mais precisamente – coisa raríssima naquele tempo – também aos "povos". Simeão saudará o Messias como "luz para iluminar os povos e glória do seu povo Israel" (Lc 2,32).

Os Zelotas se propunham a apressar a vinda da salvação com a força, na realidade são esses "piedosos" que a apressam com a sua oração. A vinda do Salvador é apresentada, de fato, por Lucas como uma resposta de Deus às suas orações. Por isso, eles são os primeiros a receber "o feliz anúncio". Como um rei, ou um outro grande da terra, quando recebe uma recomendação de amigos em favor de alguém e a acolhe julgando-a justa, apressa-se em avisar pessoalmente por carta, antecipadamente, que se retornou a ele, para informá-lo ter sido a súplica acolhida e o favor concedido; assim faz Deus com estes seus amigos. Avisa-os à parte, por primeiro: "A tua oração foi ouvida!" (Lc 1,13); "Encontraste graça junto a Deus!" (Lc 1,30).

2. Olhando para os nossos dias

Busquemos agora atualizar as coisas consideradas até aqui historicamente, como se deve fazer sempre, quando se relaciona com a Palavra de Deus que é "viva e eterna" (1Pd 1,23). Tentemos, pois, ver em que medida as coisas acontecidas no tempo do nascimento terreno de Jesus são instrutivas também para a Igreja de hoje, sem, todavia, pretender poder, com isso, explicar plenamente a complexa real idade de nossos dias.

Não esperamos mais, como aqueles "piedosos", "a redenção de Israel". Aquela redenção se completou perfeitamente; aquele que devia vir, veio e não se pode esperar outro. Contudo, também nós esperamos algo; cada época espera uma nova "visita de Deus". "Oprimidos a tempo sob o jugo do pecado – diz uma oração litúrgica do Advento – esperamos, ó Pai, a nossa redenção" (Coleta da Féria III, da III Semana do Advento). Tal espera assume um caráter mais intenso nesta espécie de "advento" mais longo, que estamos vivendo, em preparação para o início do terceiro milênio do nascimento de Cristo. Concretamente, esperamos todos na igreja um renovamento espiritual. Esperamos a realização plena do novo Pentecostes augurado pelo Concílio.

Diante dessa espera, perfilam-se, também hoje, diversas atitudes, ou mentalidades, formam-se alinhamentos de opiniões que se assemelham, em parte, às que existiam no tempo da primeira vinda do Salvador e que, por isso, podemos procurar compreender à sua luz. Trata-se, de fato, de arquétipos de mentalidade religiosa que se encontram, sob formas diversas, em quase todas as situações históricas. Não há necessidade de forçar os dados, porque eles, veremos, falam por si sós. Não quero dizer que todos estes partidos existem hoje, realmente, em pessoas ou grupos bem precisos, mas que existem ao menos tendências neste sentido, de que *é* bom tomar consciência para corrigi-las e superá-las.

Há, antes de tudo, uma tendência saduceia e é a que impele para uma secularização sempre mais radical e a uma aliança total e quase sem reservas com o mundo e a cultura. Os de tal tendência não creem "nos anjos e nos espíritos" e, em geral, naquelas coisas que mais se afastam da razão humana e dependem só da Revelação. Esperam a salvação de uma evolução linear e de uma integração sempre mais plena dos valores humanos seculares, identificam a salvação com o progresso, não, porém, com o progresso na fé, quanto com um progresso compreendido em sentido iluminístico, prontos a atenuar a unicidade da mensagem cristã por uma união mais ampla entre as várias religiões.

Há, em segundo lugar, uma tendência que evoca de perto a dos Fariseus e que se coloca ao extremo oposto da anterior. Os desta tendência propõem uma separação nítida do mundo e, em particular, do mundo moderno. Atribuem uma importância capital às formas externas da religiosidade e aos ritos tradicionais; entendendo, porém, ainda uma vez, por tradição, não a perene e vivente Tradição da Igreja que se estende por todos os séculos e remonta aos apóstolos, mas muito mais as pequenas e reformáveis tradições humanas, formadas ao longo dos séculos para responder às circunstanciais necessidades do momento. Defendem a fidelidade ao passado, mas por passado entendem, em geral, não aquele venerável que sai das origens, mas aquele próximo, no qual foram formados e que absorveram nos seus anos de estudo, ou aquele ao qual encaminham as suas preferências ideológicas e políticas. Não aquilo que era "no início", mas aquilo que era ontem. Algumas vezes, como acontecia também no tempo de Jesus, entre as pessoas dessa mentalidade, existem valores autênticos de austeridade, de disciplina moral, de obediência e devoção, e então eles são uma válida lembrança para todos, especialmente em tempos de relaxamento como o nosso. Mas, às vezes, há por baixo a busca de uma justiça peculiar decorrente da observação da lei, que leva a um falso sentimento de segurança diante de Deus e de superioridade ante os irmãos, que se torna facilmente condenação.

Há, em terceiro lugar, uma tendência ou mentalidade como dos Essênios. Ela é personificada por aqueles que, desconfiados e em polêmica com todos, fogem da luta, isolam-se espiritualmente; formam grupos religiosos fervorosos, mas fechados em si mesmos, dependentes, também eles, quase exclusivamente do próprio "mestre de justiça", isto é, do próprio fundador ou chefe carismático. Nem sempre tem um coração aberto à salvação de todos, também dos adversários, e sobretudo aquela compaixão pelo mundo que é a característica do coração de Deus e dos santos.

Por fim, há hoje também o partido dos Zelotas, isto é, dos que pensam dever recorrer à violência e à revolução, para fazer vir o Reino de Deus e a sua justiça. Essa categoria de fiéis, em anos recentes, apelou explicitamente para o modelo zelota, buscando incluir entre os Zelotas o próprio Jesus e os seus apóstolos. O seu erro, do ponto de vista cristão, não consiste tanto na escolha da luta armada que eles julgam – erradamente ou com razão – como a única possível na sua situação. O erro consiste em crer que aquilo que se instaura, por essa via, seja o Reino de Deus. No julgar, em outras palavras, que haja uma relação direta entre a sua ação e a salvação de Deus. Assim fazendo, eles impõem a Deus o seu método, mudando o caminho escolhido por ele, que é salvar os fiéis "por meio da loucura da pregação" (cf. 1Cor 1,21), isto é, através da fraqueza e, se necessário, também da derrota. Pretendem que, no seu caso, Deus não escolha mais "o que é fraco", mas o que é forte, segundo o mundo. É, portanto, um equívoco total, um retorno indireto ao regime teocrático do Antigo Testamento, em que Reino de Deus e reino político são a mesma coisa.

3. O modelo evangélico

Todas essas tendências ou mentalidades que busquei delinear não são, repito, para serem desqualificadas em bloco, porque, em algumas delas, existem valores positivos e, de resto, bem poucos, creio, podem julgar-se inteiramente imunes de algum dos traços negativos postos às claras. Mas não é esta agora a coisa mais importante. A coisa importante a se notar é que os "evangelhos da infância" nos projetam um modelo e uma atitude diversos de qualquer outro: o dos piedosos e humildes de coração que esperavam a redenção de Israel e a esperavam sobretudo de Deus. É preciso que transfiramos para a nossa atual situação as suas virtudes, impregnando-nos do seu espírito, especialmente no tempo do Advento, no qual a liturgia no-los põe continuamente diante dos olhos. Podemos fazê-lo também no resto do ano, desde o momento em que repetimos cada dia, na Liturgia das Horas, as suas orações: o *Benedictus,* o *Magnificat,* o *Nunc dimittis.*

Eles nos ensinam a não nos isolar da comunhão eclesial, a permanecer lá onde a Providência nos colocou, mas cultivando, nestas circunstâncias ordinárias da vida, uma relação intensa com Deus, uma grande abertura ao Espírito e ao louvor, "solícitos sempre às necessidades dos irmãos", como Marta o foi às necessidades de Isabel. Eles nos ensinam a fazer tudo "sem murmuração e sem crítica", para "ser irrepreensíveis e simples" (cf. Fl 2,14s.). Estes "piedosos" não criticavam ninguém, não sedavam ares de salvadores, mas também não julgavam aqueles que se davam ares de salvadores. Eram bastante cientes da sua pequenez para julgar aos outros. Não se comparavam com os outros, mas com Deus. E todavia Deus escolhe exatamente dentre eles o profeta que deverá preparar-lhe as estradas e proclamar a todos a conversão: João Batista.

Estes "piedosos" do Evangelho nos ensinam principalmente a colocar Deus sempre e em tudo, ostensivamente, em primeiro lugar, a "não confiar no homem, mas no Senhor" (cf. Jr 17,5ss.). A ser dos que Deus mesmo define com complacência, no profeta Isaías, "os entusiasmados da sua grandeza" (cf. Is 13,3). Ensinam-nos a não nos deixar enredar nas discussões e nas contraposições humanas – de ideias, de pessoas, de programas – que deslocam inevitavelmente o centro da atenção de Deus para o homem, ferem facilmente a unidade e são frequentemente inflados de orgulho e de autoconfiança. Todos aqueles que buscam de verdade, do fundo do coração, "a redenção de Israel" se encontrarão, não buscando entre si e estabelecendo convergências e alianças, mas buscando juntos ao Senhor na Igreja, que já é em si uma perfeita e eterna "aliança". Não se olhando um para o outro, mas olhando juntos na mesma direção. Deste modo formarão uma corrente de salvação que se alarga, como vemos que formam as primeiras testemunhas da salvação, à medida que avançamos na leitura do Evangelho de Lucas.

Nos "evangelhos da infância", São Lucas conseguiu reconstruir não apenas fatos e personagens, mas todo um mundo espiritual que, mesmo inserindo-se e movendo-se no espaço normal da história (como mostra a menção de César Augusto e do seu recenseamento), permanece, porém, distinto dele e oculto para ele. Um mundo de todo natural e crível, que não é, em outras palavras, uma reconstrução literária, mas o reflexo de uma realidade acontecida e de um momento preciso da história da salvação. A mesma coisa, de fato, vemos acontecer tantas vezes, também em seguida, na história da Igreja: obras grandiosas de Deus que estão em desenvolvimento no mundo, sem que o mundo se dê conta disso, eventos em ato destinados a mudar o curso da história que os historiadores da época nem notam, aventuras espirituais sem precedentes que se consumam em meio ao povo, sem que os contemporâneos se apercebam de nada, porque não se pode ter conhecimento das coisas do Espírito, a não ser "no Espírito". No seu estar e colocar-se na história, a Igreja é chamada a reproduzir alguma coisa dessa atitude original, observada "nos evangelhos da infância", e a encontrar nela luz e força. A consciência da Igreja não atua em confronto com o mundo, mas no confronto com Deus; é fatal que se produza, com o passar do tempo, certa "alienação" da Igreja, não se concretiza no confronto com o mundo se apenas pensamos, falamos e agimos na presença do mundo, antes que na presença de Deus, *coram Deo*. A Igreja deve, pois, mover-se no campo do mundo, mas conservando sempre intacto aquele espaço íntimo e pneumático de fé, de esperança, de alegria e de silêncio – que é o seu espaço próprio, ao qual deve-se chamar para entrar quem se converte do mundo para Deus. Nas duas reflexões que se seguirão, proponho-me a iluminar dois destes elementos que caracterizam o mundo espiritual dos "evangelhos da infância": a alegria e o silêncio.

A Virgem Maria, vértice luminoso dos "evangelhos da infância", ajude-nos a entrar neste mundo do Espírito e nos ajude a estar no número daqueles simples e humildes de coração, que também hoje esperam, em oração, a redenção de Israel.

5
"JERUSALÉM, DESPOJA-TE DA TUA TRISTEZA!"

Nos "evangelhos da infância", Lucas, "movido pelo Espírito Santo", conseguiu – como já disse – não apenas nos apresentar fatos e personagens, mas recriar também a atmosfera e o estado de alma com que tais fatos foram vividos. Um dos elementos mais evidentes desse mundo espiritual é a alegria. A piedade cristã não se enganou, quando deu aos acontecimentos da infância de Jesus, narrados por São Lucas, o nome de "mistérios gozosos", mistérios da alegria.

Para Zacarias, o anjo promete que haverá "alegria e exultação" pelo nascimento do filho e que muitos "alegrar-se-ão" por ele (cf. Lc 1,14). Existe um termo grego que, a partir deste momento, aparecerá continuamente na boca de vários personagens como uma espécie de nota contínua e é o termo *agallìasis* que indica "o júbilo escatológico pelo irromper do tempo messiânico". À saudação de Maria, o menino "exultou de alegria" no ventre de Isabel (Lc 1,44), preanunciando, com isso, a alegria do "amigo do esposo" pela presença deste (cf. Jo 3,29s). Esta característica atinge um primeiro ponto alto no grito de Maria: *O meu espírito exulta (egalìasen) em*

Deus! (Lc 1,47); difunde-se na alegria serena dos amigos e dos parentes em torno ao berço do Precursor (Lc 1,58), para explodir, por fim, com toda a sua força, no nascimento de Cristo, no grito dos anjos aos pastores: *Anuncio-vos uma grande alegria!* (Lc 2,10).

Não se trata apenas de alguns acenos dispersos de alegria, mas muito mais de um ímpeto de alegria calma e profunda que percorre os "evangelhos da infância", do início ao fim e se exprime de mil modos diversos: no afã com que Maria se levanta para ir ter com Isabel e os pastores para ir ver o Menino, nos gestos humildes e típicos de alegria que são as visitas, os augúrios, as saudações, as congratulações, os presentes. Mas exprime se sobretudo na admiração e na gratidão comovida destes protagonistas: Deus visitou o seu povo! Recordou-se da sua santa Aliança! Aquilo que todos os orantes haviam pedido – que Deus se recordasse das suas promessas – agora aconteceu! Tínhamos, pois, razão de esperar nele! Eles estão "exultantes pela lembrança de Deus" (Br 5,5), isto é, pelo fato de que Deus se recordou deles. Os personagens dos "evangelhos da infância" parecem se mover e falar na atmosfera de sonho cantada pelo salmo 126, o salmo do retorno do exílio:

*"Quando o Senhor restaurar os destinos
de Sião, será para nós como um sonho.
A nossa boca se encherá de alegria,
os nossos lábios de canções.
Então se dirá entre os povos:
'O Senhor opera maravilhas';
em nós tudo é alegria".*

Maria faz sua a última expressão deste salmo, quando exclama: *Grandes coisas me fez o Onipotente!*

Estamos diante do mais puro exemplo de "sóbria embriaguez" do Espírito. A deles é uma verdadeira "embriaguez" espiritual, mas é "sóbria". Não se exaltam, não se preocupam em ter um lugar mais ou menos importante no incipiente Reino de Deus; não discutem entre si – como ao invés farão os apóstolos ao redor de Cristo – sobre quem deles é "o maior", mas cada um se alegra pelo outro. Não se preocupam nem mesmo em ver o fim; Simeão diz, antes, que agora o Senhor pode também deixar que ele se vá em paz, que desapareça. O que conta é que a obra de Deus vá avante, não importa se com eles ou sem eles. Vendo quão grandes são em nós, homens, a tendência e o perigo de "nos exaltar" quando recebemos ou transmitimos uma palavra de Deus, ou somos instrumentos de alguma ação divina a favor do outro, ficamos atônitos diante da grandiosidade da "sobriedade" de Maria, que trazia ao mundo Deus em pessoa e não se exaltou.

1. Os evangelhos da infância e o Dêutero-Isaías

Possuímos, porém, um outro meio para descobrir e aclarar a mensagem de alegria contida nos "evangelhos da infância" e é a leitura espiritual, isto é, aquela leitura que descobre, no Novo Testamento, a *realidade* das coisas anunciadas, em figura, no Antigo Testamento; a que descobre o Espírito na letra.

Lendo os "evangelhos da infância", fica-se tocado pela frequência e pela importância das referências a um momento preciso da história da salvação: aquele do início do retorno de Israel do exílio, descrito por um ou mais profetas anônimos, que chamamos convencionalmente de Dêutero-Isaías (Is 40-66, mais 35,1-10). Quando Lucas diz de Simeão que "esperava a consolação de Israel" (Lc 2,2.5), é como se dissesse que esperava o cumprimento da promessa de Deus contida no "livro da consolação" de Isaías que se iniciava, exatamente, com as palavras: *Consolai, consolai o meu povo...* (Is 40,1). Também o seu cântico, o *Nunc dimittis,* é cheio de referências ao Dêutero-Isaías. Zacarias se refere ao mesmo texto profético, quando diz, do próprio menino, que iria andar diante do Senhor "para preparar-lhe as estradas" (cf. Is 40,3ss.: *Uma voz grita: "('preparai no deserto um caminho para o Senhor...").* Todas essas referências encontram o seu ponto alto no *Magnificat,* no qual Maria faz suas as palavras de Isaías 61,10: *Com grande alegria rejubilei no Senhor e o meu coração exulta no meu Deus...*

Nos "evangelhos da infância" vemos, pois, aplicado já de modo grandioso, aquele método que se verifica depois ao longo de todo o Novo Testamento: vêm estabelecidas – mediante citações ou alusões – correlações entre os acontecimentos atuais e as figuras do Antigo Testamento, entre os tempos do cumprimento e os da espera. Mas o objetivo não é apenas apologético (demonstrar que agora se realizaram as Escrituras); uma vez estabelecido, de fato, que "aquilo" falava "disto" (fato que São Paulo, em Gálatas 4,24, chama de "alegoria"), tudo aquilo que de belo, de profundo e de eterno era falado a propósito da figura, é atribuído ao acontecimento. A própria descrição se enriquece e se simplifica, ao mesmo tempo; não é oportuno dizer tudo e se perder em tantas explicações; se é enviado a ler – mas com olhos novos – as coisas já anteriormente escritas e que o leitor conhece bem. Isso é o que entendemos precisamente por uso "espiritual" do Antigo Testamento, diferente, como se vê, do simplesmente "apologético". Eis donde sai a importância e o fascínio perene do Antigo Testamento para o cristianismo: ele ajuda não só a *reconhecer* a realidade completada, mas também a *celebrá-la,* a pôr às claras aquelas ressonâncias profundas e universais que são expressas mais facilmente com a linguagem indireta dos símbolos e da profecia, que não com aquela direta da narração histórica, necessariamente circunstanciada e, por isso, mais delimitada. Assim, uma vez, estabelecido, no decorrer do Novo Testamento, que o "poema do Servo de Javé" (Is 53) se referia à paixão de Cristo, este texto se abre a um uso novo, inexaurível, e permanece até agora, na liturgia e na piedade cristãs, um componente essencial para a celebração e meditação do sofrimento redentor de Cristo.

O que acontece para o tema do sofrimento, acontece também, nos "evangelhos da infância", para o tema da alegria. Eles estabelecem uma relação estreita entre o início da salvação Deus que visita o seu povo e o momento alegre em que foi anunciado, por meio do profeta, o fim do exílio e o "retorno do Senhor em Sião". Agora – dir-se-á – aconteceu isto do que aquele momento era figura e promessa: Deus verdadeiramente visitou o seu povo! Agora o povo que se achava nas trevas "viu uma grande luz"! Eis porque dizia que temos um meio novo e poderoso para recolher a mensagem de alegria contida nas narrativas natalícias, como uma estupenda caixa de ressonância às parcimoniosas anotações de Lucas, como uma grande antena parabólica que reenvia as ondas depois de as ter amplificado...

Este é também o método seguido pela liturgia da Igreja, construída toda ela, desde o início, sobre uma vivente e coerente "leitura espiritual" do Antigo Testamento. A liturgia do tempo do Advento e do Natal é cheia das acentuações vibrantes do Dêutero-Isaías, começando daquele com que vem constantemente apresentada a figura do Precursor: "Uma voz grita no deserto...". Muitos de nós, estou seguro, têm ainda na mente e no coração as melodias gregorianas com as quais, outrora, eram cantados, no ofício da noite de Natal, Isaías 40,1ss: "Consolamini, consolamini, popule meus..." e Isaías 52,1ss: "Consurge, consurge, induere fortitudinem tuam Sion..." O "Rorate coeli desuper..." de Isaías 45,8, acompanha ainda hoje o nosso tempo de Advento, conferindo-lhe aquele tom de implorante e ansiosa espera.

2. Da liturgia para a vida

Agora, porém, chegou para mim o tempo de desobrigar-me da tarefa principal de anunciador que é a de ajudar a Palavra de Deus a romper os diques da Bíblia e da liturgia para invadir a vida. Neste caso, trata-se de passar do levantamento do tema da alegria nos "evangelhos da infância" ao envolvimento na alegria, da celebração litúrgica da alegria natalícia à experiência da alegria do Natal. A Palavra de Deus aponta sempre para isso. Como a água não para de correr até que não tenha alcançado um ponto mais baixo e o nível do mar, assim a Palavra de Deus até que não tenha atingido o nível do coração... Isso vale, de modo todo especial, quando se trata da alegria. Um anúncio de alegria que se limitasse a dar apenas uma *ideia* ou notícias sobre a alegria, e não, ao invés, a *alegria* simplesmente, não seria ainda um anúncio alegre. De fato, é evidente o objetivo do evangelista Lucas narrar para envolver os ouvintes e levá-los, como os pastores, num cortejo alegre rumo a Belém. "Quem lê estas linhas – comenta um exegeta moderno – é chamado a condividir o júbilo; só a comunidade concelebrante dos que acreditam em Cristo e dos que lhe são fiéis pode estar à altura destes textos" (H. Schürmann). É como um convite dirigido ao leitor: "Vem, uni-te também tu à admiração, ao louvor e à alegria destas testemunhas privilegiadas!" Há qualquer coisa nos dois primeiros capítulos de Lucas que evoca o andamento e o tom do prefácio da Missa, naquele diálogo de instigação mútua que é entrelaçado, ao início, entre celebrante e povo. O grito que ressoou, um dia, entre os exilados em Babilônia: "Coragem!" e o grito que ressoou, na noite de Natal, para os pastores: "Anuncio-vos uma grande alegria!", ecoa, pois, agora e aqui para nós, no Espírito que o suscitou e que o mantém vivo nos séculos. No "livro da consolação", uma voz misteriosa dá ordens; diz: *Consolai, consolai a meu povo... Animai, Jerusalém, e gritai-lhe que a sua servidão está terminada* (Is 40,1-2), e ainda: *Dizei aos que têm coração pusilânime: "Tomai ânimo, não temais!"* (Is 35,4). Essas ordens divinas sinto-as dirigidas agora para mim. Por isso, ouso gritar "ao coração de Jerusalém", sabendo não dizer palavras minhas ou palavras vãs: Coragem! Não temais! Não vos deixeis cair os braços por causa das provações e dificuldades! "Jerusalém, despoja-te da tua tristeza!" (cf. Br 5,1). Como o mensageiro que vem sobre os montes, trago também eu para Sião uma boa notícia: *"O teu Deus reina"* (Is 52,7). Aquelas ordens divinas são endereçadas a todos nós, por quão pequenos e anônimos, servos da Palavra de Deus. Nós somos "as sentinelas que elevam a voz e cantam em coro, porque veem com seus próprios olhos o Senhor que volta a Sião" (Is 52,8).

3. De onde nasce a alegria

Do que nasce a alegria? Com certeza, a fonte última da alegria sabemos que é Deus, a Trindade. Nós, porém, estamos no tempo e Deus é na eternidade: como pode fluir a alegria entre estes dois planos tão distantes? De fato, se interrogarmos melhor a Bíblia, descobrimos que o manancial imediato da alegria é no tempo: é o agir de Deus na história. Deus que age! No ponto em que "acontece" uma ação divina, produz-se como que uma vibração e uma onda de alegria que se propaga, depois, por gerações, antes – tratando-se de ações consignadas na Revelação –, para sempre. O agir de Deus é, cada vez, um milagre que enche de admiração o céu e a terra: *Cantai, ó céus, a obra do Senhor* – exclama o nosso profeta –; *exultai de alegria, ó profundezas da terra!* (Is 44,23; cf. também Is 49,13).

A alegria que irrompe do coração de Maria e das outras testemunhas do início da salvação fundamenta-se totalmente neste motivo: Deus socorreu Israel! Deus agiu! Fez grandes coisas!

Como pode esta alegria pelo agir de Deus atingir a Igreja hoje e contagiá-la? Fá-lo, antes de tudo, pela via da memória, no sentido de que a Igreja "recorda" as obras maravilhosas de Deus a seu favor. "Grandes coisas fez em mim o Onipotente", exclamou Maria: a Igreja é convidada a fazer suas estas palavras. Todo o *Magnificat* é para ela; é o cântico que Maria entoou por primeira, como solista, e deixou-o à Igreja para que o prolongue nos séculos. Grandes coisas fez, realmente, o Senhor para a Igreja, nestes vinte séculos! Nós temos, em certo sentido, mais razões objetivas para nos alegrar, de quantas tinham-nas Zacarias, Simeão, os pastores e, mais em geral, toda a Igreja nascente. Ela partia "levando a semente para lançar", como diz o salmo 126 lembrado supra; havia recebido promessas: "Eu estou convosco!" e ordens: "Andai por todo o mundo!". Nós vimos o cumprimento. A semente cresceu, a árvore do Reino se tornou imensa. A Igreja de hoje é como o semeador que "volta com júbilo, trazendo os seus feixes". Quantas graças, quantos santos, quanta sabedoria de doutrina e riqueza de instituições, quanta salvação operada nela e através dela! Que palavra de Cristo não encontrou o seu perfeito cumprimento? Encontrou certo cumprimento a palavra: "No mundo tereis tribulação" (Jo 16,33), mas o encontrou também a palavra: "As portas do inferno não prevalecerão!" (Mt 16,18). Com quanta razão a Igreja pode fazer sua, diante das multidões sem número dos seus filhos, a admiração da antiga Sião e dizer: *"Quem me gerou estes filhos? Eu não tinha filhos, era estéril, quem os criou?* (Is 49,21). Quem, olhando para trás com os olhos da fé, não vê cumpridas na Igreja as palavras proféticas dirigidas à nova Jerusalém reconstruída depois do exílio: *Levanta os olhos e vê a tua volta: Todos esses se reuniram para vir a ti: os teus filhos chegam de longe... As tuas portas estarão sempre abertas... a fim de que te seja trazida a riqueza das nações* (Is 60,4.11)? Quantas vezes a Igreja teve que alargar, nestes vinte séculos – mesmo se nem sempre aconteceu prontamente e sem esforço –, o "espaço da sua tenda", isto é, a capacidade de seu acolhimento, para fazer entrar as riquezas humanas e culturais dos diversos povos! A nós filhos da Igreja, que nos nutrimos "da abundância do seu seio", é dirigido o convite do profeta para nos alegrar pela Igreja, a "reluzir de alegria por ela", exatamente a nós que temos participado e participamos cada dia do seu luto também (cf. Is 66,10).

A alegria pelo agir de Deus atinge, pois, a nós crentes de hoje pela via da memória, para que vejamos as grandes coisas que Deus fez por nós no passado. Mas nos atinge também de um outro modo não menos importante: *pela via da presença,* porque constatamos que também agora, no presente, Deus age no meio de nós, na Igreja.

Há uma qualidade de alegria e é a mais intensa neste mundo que emana da salvação *statu nascenti,* no momento, isto é, no qual ela vem operada, ou, definitivamente, antes ainda que seja operada, quando é anunciada como já decidida por Deus e prestes a se manifestar. Também no plano humano, é o início ou a imediata vigília da festa o momento mais carregado de alegria e de esperança; é o sábado diz – um grande poeta nosso – o tempo de maior alegria, na aldeia, é quando se espera o domingo e a festa está ainda toda inteira por vir. A Bíblia canta a alegria que nasce daquilo que Deus "está por fazer": *Gozar-se-á e alegrar-se-á aquilo que vou criar* (Is 65,18). Este é o tipo de alegria que flui na saudação de Maria a Isabel e "liberta as energias profundas do Espírito" que fazem exultar a mãe e o menino no ventre. Exatamente o menino no ventre da mãe é o melhor símbolo desta salvação em estado nascente: ele está já presente no mundo, mesmo se não é conhecido e percebido se não por poucos que vivem diretamente o acontecimento. É a alegria pelas primícias da salvação, como pela flor que desabrocha.

Precisamente nisto, o "livro da consolação" do Dêutero-Isaías nos é útil como maravilhoso espelho de aumento. Nele vem cantada a alegria que prorrompe, não pelo retorno do exílio – que será, como sabemos em seguida, lento, incerto e acompanhado de desilusões –, mas pela notícia que ele foi decidido, decidido no céu e, por consequência, na terra também. A notícia do "despertar do braço do Senhor". A realização histórica será, no Antigo Testamento, sempre inferior à espera e, justamente porque a espera não deve terminar, deve permanecer até que venha o cumprimento verdadeiro e definitivo, do qual tudo era profecia. Até que venha Cristo!

Aplicado a nós, tudo isso quer dizer que se a Igreja hoje quiser reencontrar, em meio a todas as angústias e tribulações que a cercam, os caminhos da coragem e da alegria, deve abrir bem os olhos ao que Deus está realizando hoje mesmo nela. O dedo de Deus, que é o Espírito Santo, está escrevendo ainda na Igreja e nas almas e está escrevendo histórias maravilhosas de santidade, tais que, um dia – quando estiver desaparecido, no nada, tudo de negativo e de pecado, que todavia existe – farão, talvez, olhar a nossa época com admiração e santa inveja. O mal, de fato, anula-se; o bem, ao invés, acumula. A obra do homem é cancelável, mas a de Deus não. Ao final, na colheita, o trigo bom será recolhido e colocado nos celeiros e a cizânia será queimada. Basta saber esperar, como Deus sabe.

Em cada época – a nossa também – o Espírito diz à Igreja, como no tempo do Dêutero-Isaías: *"Agora, revelo-te coisas novas, ainda ocultas, que desconheces. Foram criadas agora, e não outrora"* (Is 48,6-7). Não *é* uma "coisa nova e secreta" este sopro poderoso do Espírito que reanima o povo de Deus e suscita em seu meio carismas de todo gênero, ordinários e extraordinários? Este amor pela Palavra de Deus e este incipiente refloir da leitura espiritual da Bíblia? Esta participação ativa dos leigos na vida da Igreja, na liturgia e na evangelização, através dos vários ministérios? E este empenho para recompor a unidade despedaçada do Corpo de Cristo, que é o ecumenismo? Mas, sobretudo, não é uma coisa "nova e secreta" – sempre nova e sempre secreta e misteriosa – esta: que "Deus reina"? Ou não é ela capaz, para quem sabe discernir, de fazer, também hoje, "exultar a terra, alegrar as ilhas todas", "tremer o mundo e os seus habitantes" e encher de coragem a Igreja? Deus sabe que o homem é mais inclinado, habitualmente, a olhar o passado que o presente, a caminhar voltado para trás, e por isso nos diz, sempre por boca do mesmo profeta: *Não lembreis mais dos acontecimentos passados, não presteis atenção às coisas antigas; eis que vou realizar uma obra nova a qual já começou: não a vedes?* (Is 43,18-19). Isto, certamente, não para que nós nos esqueçamos do passado, tornando-nos ingratos, mas para que saibamos perceber Deus agindo também no presente: *Meu Pai trabalha continuamente e eu também trabalho* (cf. Jo 5,17).

4. Natureza da alegria cristã

Falei, até agora, apenas da alegria segundo a Palavra de Deus: mas o homem também tem uma ideia própria de alegria que lhe é cara. Todo o mundo conhece o Hino à alegria que fecha a nona sinfonia de Beethoven. Mas exatamente este hino – que foi escrito por F. Schiller – nos permite tocar com a mão a diferente natureza e índole da alegria bíblica, com respeito à humana. A alegria que se canta nele é a alegria "centelha luminosa dos deuses, filha de Elíseo". Os homens transpõem as portas do seu santuário, "inebriados pelo fogo". A sua asa veloz torna fraternos todos aqueles que esmorecem. "Abraçai-vos, ó milhões – canta-se no auge do entusiasmo –, este beijo para o mundo todo!"

Se desta poesia à alegria nos voltarmos para o hino à alegria de Maria, *o Magnificat*, perceberemos a diferença: O meu espírito – canta Maria – exulta em Deus, "porque grandes coisas fez em mim o Onipotente". Aquela é uma alegria subjetiva, um grito de súplica que parte do coração do homem: é uma pergunta, não uma resposta; esta, ao contrário, é uma alegria objetiva, nasce de uma real experiência de alegria, de um acontecimento jubiloso. A perspectiva do Hino à alegria de Beethoven é mitológica (a alegria "filha dos deuses") e, por isso, fantasiosa e irreal; a perspectiva bíblica é histórica, baseia-se sobre fatos reais que são as ações de Deus que vão sempre e infalivelmente ao efeito: "De agora em diante – diz Maria – todas as gerações me chamarão feliz", e todas as gerações a chamaram feliz! A alegria que os homens "bebem dos seios da natureza" não é para todos: "quem teve a alegria de possuir um amigo ou uma boa mulher, quem conheceu, apenas por uma hora que fosse, o que é o amor, este – canta-se naquele hino – está próximo também; mas quem não conheceu nada disso tudo, pois que se afaste, chorando de nosso círculo". Que distância da linguagem de Jesus que diz: *Vinde a mim todos os que estais cansados e oprimidos, e eu vos aliviarei!* (Mt 11,28). A alegria bíblica é para todos indistintamente, antes de modo especial para quem não conhece muitas alegrias terrenas.

Repensando nos meus anos juvenis, quando ouvia as notas daquele hino e me entusiasmava e me comovia, agora vejo onde estava o engano: aquelas palavras e aquela música exasperavam uma necessidade, mas não estão em condições de indicar nada para satisfazê-la; lançam para o alto o coração, mas para fazê-lo cair quase subitamente, com dor, por terra. Aquele mesmo gênio, de cujo coração saiu toda aquela torrente de música à alegria, não se tornou, por ela, feliz. Os homens que se voltam avidamente para beber a alegria, nos "seios da natureza", encontram quase sempre, na natureza, uma "ama de leite".

Pois bem, aquele hino à alegria é, sem dúvida, uma das coisas mais sublimes que jamais saíram do espírito humano, capaz de fazer vibrar o homem até às fibras mais íntimas do próprio ser... Mas aqui está o ponto: é preciso tocar o ponto alto do humano para medir a distância infinita do divino. A diferença entre a alegria cantada pelo homem e aquela cantada pela Palavra de Deus é a mesma que existe entre toda religiosidade mitológica ou simplesmente natural (o Hino à alegria de Beethoven é, neste sentido, religioso!) e a religiosidade histórica e revelada da Bíblia, e é a diferença entre o "desejado" e o "realizado". Quem experimentou algo da alegria do Espírito pode reescutar, depois, o Hino à alegria de Beethoven, como se ouve uma profecia realizada e o fará acompanhando todo o tempo, a audição, com um comovido "Graças, ó Deus!" do seu coração. Graças, ó Deus, porque agora sei que a alegria existe!

A alegria cristã, além de objetiva e real, é também escatológica, isto é, plena e definitiva. Cresce, até desembocar, um dia, na felicidade eterna, mas do seu interior sem ir de um objeto para o outro, porque o seu objeto, infinito, é sempre o mesmo e é Deus. Cá embaixo, nós somos "felizes na esperança", "spe gaudentes" (Rm 12,12); lá em cima seremos felizes na posse, pois que são *aquelas coisas que nem o olho viu, nem o ou-*

vido ouviu, nem jamais passou pelo pensamento do homem, o que Deus preparou para aqueles que o amam (1Cor 2,9). O caruncho que corrói toda a alegria humana natural, mesmo as honestas, é o fato de ela não ser escatológica, não dura sempre. Quanto mais, pois, ela é intensa, como no amor de dois esposos, tanto mais traz em si, escondida, a angústia de saber que terminará. Toda festa humana é coberta de tristeza, porque se sabe que '"dimam tristezza e noia/ recheran l'ore ed al travaglio usato/ ciascuno, in suo pensier, farà ritorno", (amanhã tristeza e enfado as horas trarão e ao trabalho costumeiro, cada um, no seu pensamento, estará voltando), como diz Leopardo em *O Sábado na Aldeia*.

A alegria cristã, por fim, além de objetiva e escatológica, é também *interior*. A alegria humana é, ela também, às vezes, interior. Mas aqui se trata de uma interioridade que vai além da esfera psicológica e emocional e atinge a profundidade mesma do espírito. Ela, na verdade, não vem de fora, mas de dentro, como certos lagos alpinos que se formam e se alimentam, não de um rio que nele se lança do exterior, mas de uma fonte que jorra no seu próprio fundo. A alegria cristã é "fruto do Espírito" (Gl 5,22; Rm 14,17); nasce do agir misterioso e atual de Deus no coração do homem em graça.

Por isso, a alegria cristã não se extingue nem mesmo pela tribulação, como se vê nos santos, os quais transbordavam de alegria em suas tribulações (cf. 2Cor 7,4). Ela, de fato, age num nível mais profundo que aquele no qual age a tribulação e as duas coisas não se excluem uma a outra. É preciso, antes, estar normalmente na cruz, para falar desta alegria e para compreender do que se está falando, porque a cruz é o ponto do qual se faz o salto do humano ao divino. O sofrimento põe em contato com a suprema "ação" de Deus na história que é a cruz de Cristo. Ela é o que mantém a alegria cristã na "sobriedade". É no sofrimento – dizia o seráfico pai São Francisco – que se experimenta "a perfeita alegria", isto é, a alegria verdadeiramente evangélica. Experimenta-se também em outra parte, mas nela atinge-se a perfeição.

5. Testemunhar a alegria

O mundo busca a alegria. "Ao sentir apenas nomeá--la – escreve Santo Agostinho – todos se endireitam e te olham, por assim dizer, nas mãos, para ver se tu estás em condição de dar algo para a sua necessidade" (*De ord.* I, 8,24). Todos queremos ser felizes. É a coisa que congrega a todos, bons e maus. Quem é bom, é bom para ser feliz; quem é mau não seria mau, se não esperasse poder, com isso, ser feliz (cf. *Ser.* 150,3,4). Se todos amamos a alegria é porque, de algum modo misterioso, a conhecemos; se, de fato, não a tivéssemos conhecido – se não fôssemos feitos para ela –, não a amaríamos (cf. *Conf.* X,20). Esta nostalgia da alegria é o lado do coração humano naturalmente aberto para receber a "feliz mensagem".

Devemos, por isso, testemunhar a alegria. Quando o mundo bate às portas da Igreja – até quando o faz com violência e com ira – é porque busca a alegria. Os jovens principalmente buscam a alegria. O mundo ao redor deles é triste. A tristeza, por assim dizer, agarra-nos pela garganta. Exatamente nos momentos, nos quais se espera que "seja multiplicada a alegria", como é o Natal, encontramo-nos, às vezes, mais desiludidos e vazios que nunca, porque se busca a alegria lá onde não está. Não é retórica: a tristeza passeia pelas nossas ruas, pode-se quase vê-la abertamente no rosto. Vagueia dentro das casas. Está até contagiando as nossas crianças, as quais pedem alegria e amor e veem ser dadas, em troca, coisas para se consumir e brinquedos sempre mais monstruosos para ser destruídos. Basta estar, por pouco tempo, entre as crianças do recolhimento de uma aldeia africana, como aconteceu uma vez também a mim, para perceber a diferença. Ali basta na realidade uma bagatela para ver brilhar os olhos de alegria e recordar-se de um mundo de inocente admiração que vai desaparecendo.

Este da alegria é o desafio que vem para a Igreja de fora. No profeta que nos acompanhou em toda esta meditação, o Dêutero-Isaías, lemos estas palavras, dirigidas ao povo de Deus: *Dizem os vossos irmãos, os que vos odeiam, que vos renegam por causa do meu nome: "Manifeste o Senhor a sua glória e vejamos a vossa alegria!"* (Is 66,5). O mesmo desafio é dirigido, silenciosamente, ao povo de Deus, também hoje. Uma Igreja melancólica e temerosa não estaria, por isso, à altura da sua tarefa: não poderia responder aos anseios da humanidade e sobretudo dos jovens. A alegria é o único sinal que também os não crentes estão em condição de receber e que pode colocá-los seriamente em crise. Não tanto os raciocínios e as admoestações. O testemunho mais belo que uma esposa pode dar ao seu esposo é um rosto que manifeste a alegria, porque isso diz, por si só, que ele foi capaz de preencher a vida, de torná-la feliz. Este é também o testemunho mais belo que a Igreja poderá dar ao seu Esposo divino.

São Paulo, dirigindo aos cristãos de Filipos com aquele convite à alegria que dá o tom a toda a terceira semana do Advento: *Alegrai-vos sempre no Senhor, repito, alegrai-vos!*, explica também como se pode testemunhar, na prática, esta alegria: *Que a vossa mansidão* – diz – *seja notória a todos os homens* (Fl 4,4-5). A palavra "mansidão" traduz aqui um termo grego *(epieikès)* que indica todo um complexo de atitudes feito de clemência, indulgência, capacidade de saber ceder, de não ser birrento. (É o mesmo vocábulo do qual deriva a palavra *epiqueia,* usada no direito!) Os cristãos testemunham, por isso, a alegria quando põem em prática essas disposições; quando, evitando toda irritação e inútil ressentimento no diálogo com o mundo e entre si, sabem irradiar confiança, imitando, desse jeito, Deus, que faz chover também sobre os injustos. Quem é feliz, em geral, não é amargo, não sente necessidade de pontualizar tudo e sempre; sabe relativizar as coisas, porque conhece algo que é muito maior: ama porque se sente amado. Paulo VI, na sua maravilhosa exortação apostólica sobre a alegria, escrita nos últimos anos do seu pontificado, fala, perto do final, de um "olhar positivo sobre as pessoas e sobre as coisas, fruto de um espírito humano iluminado e do Espírito Santo" (*Gaudete in Domino,* in "Osser. Rom.", 17 de maio de 1975).

Também dentro da Igreja, não só para com aqueles de fora, há necessidade vital do testemunho da alegria. São Paulo dizia de si e dos outros apóstolos: *Não pretendemos dominar a vossa fé: Queremos apenas contribuir para a vossa alegria...* (2Cor 1,24). Que esplêndida definição da tarefa dos pastores na Igreja! Colaboradores da alegria: aqueles que infundem segurança às ovelhas do rebanho de Cristo, os valorosos capitães que, apenas com o seu olhar tranquilo, animam os soldados empenhados na luta. Em meio às provas e às calamidades que afligem a Igreja, especialmente em algumas partes do mundo, os pastores podem repetir também hoje aquelas palavras que Neemias, um dia, depois do exílio, dirigiu, durante uma liturgia penitencial, ao povo de Israel abatido e em prantos: *Não vos entristeçais nem choreis... porque a alegria do Senhor será a vossa força!* (Ne 8,9-10).

Devemos, por isso, tirar força das palavras proféticas ouvidas de novo nesta meditação: "Dizei aos de coração desanimados: Coragem!", "O teu Deus reina em Sião!" Tirar força, ainda mais das palavras de Cristo: "Por que temeis, homens de pouca fé?" (Mt 8,26); "Eu venci o mundo!" (Jo 16,33). A Igreja pode olhar para todo o imenso fronte de mal que ameaça de fora e do seu interior e responder a ele, na consciência humilde que vem da fé: "Tu não tens, para me fazer mal, a metade da força que tenho para suportá-lo". Porque "tudo posso naquele que me conforta"! Quando somos constrangidos de todo lado por ameaças, preocupações e pela imensidão mesma da tarefa que está à nossa frente, e estamos, talvez, a ponto de deixar-nos cair os braços, reanimemo-nos, dizendo a nós mesmos: "Mas Deus existe e isso basta!". Sim, este é o motivo principal da nossa coragem e da nossa alegria: Deus existe e isso basta!

6
"SILÊNCIO NA PRESENÇA DO SENHOR DEUS!"

Ao lado da alegria, um outro traço que caracteriza o mundo espiritual dos "evangelhos da infância" é o silêncio. Da alegria fala-se – temos visto – abertamente e muitas vezes, nos dois primeiros capítulos do evangelho de Lucas: do silêncio, ao invés, não, ou fala-se pouco dele. Mas existe um motivo e é que o verdadeiro silêncio é aquele que se "faz", não aquele do qual se "fala"! Nos "evangelhos da infância" não se fala do silêncio, mas apenas se faz silêncio. Queremos buscar descobrir este silêncio "real" que paira ao redor do Natal do Senhor e descobri-lo entrando nele por dentro, por quanto nos for possível, fazendo também nós silêncio, ao menos no coração.

1. O silêncio nos evangelhos da infância

O primeiro silêncio que encontramos, lendo o evangelho de Lucas, é aquele de Zacarias que o próprio Deus torna mudo (cf. Lc 1,20-22). "Esta intervenção poderosa de Deus lê-se num respeitável comentário moderno – não serve apenas para punir nem mesmo para tornar credível a promessa de Deus; serve, sobretudo, para colocar a ação salvífica de Deus no contexto de silêncio que lhe é conveniente" (H. Schürmann). Zacarias foi "emudecido" por Deus. O mesmo deve-se dizer do silêncio de sua mulher. Apenas se deu conta de estar grávida, Isabel se retirou, por cinco meses, no ocultamento e no silêncio, e durante esse tempo andava repetindo consigo: *Eis que coisa fez em mim o Senhor!* (Lc 1,25).

Mas vamos ao silêncio de Maria que, como sempre nos "evangelhos da infância", manifesta a perfeição em tudo. Onde está o silêncio de Maria, no encontro com a prima Isabel, se antes ela se expande naquele cântico de louvor e de júbilo que é o *Magnificat*? O silêncio, aqui, é sublime, porque Maria não responde à saudação de Isabel, não se põe a conversar com ela: ao invés, afasta-se de tudo quanto a circunda e entra em total solidão com Deus. Ela se recolhe em si mesma e lança a sua alma no abismo do infinito que é Deus, dizendo: *A minha alma engrandece o Senhor... Grandes coisas fez em mim o Onipotente...* Este modo de Maria falar a Deus na terceira pessoa, não diretamente, é um outro traço maravilhoso de silêncio. É o mesmo modo com que os serafins se dirigem a Deus, durante a visão tida por Isaías, quando gritam: *Santo, Santo, Santo é o Senhor dos exércitos. A terra toda está cheia da sua glória* (Is 6,3). Na boca de Maria ressoa, de resto, este cântico dos serafins, quando diz: *E santo é o seu nome!* O de Maria, durante o *Magnificat,* é o silêncio profético. O verdadeiro profeta, de fato, quando fala se cala. Cala-se, porque não é mais ele que fala, mas é Deus que fala por ele e lhe põe na boca as suas palavras. O verdadeiro profeta quando fala escuta. Maria esteve com Isabel três meses, mas as únicas palavras relatadas dela são as do *Magnificat*, pronunciadas em oração.

O ponto alto desse silêncio é alcançado na descrição da cena do Natal (cf. Lc 2,1-7). Jesus nasce num profundo silêncio. Lucas reconstituiu de modo insuperável este clima de silêncio, não descrevendo o silêncio, mas criando-o, fazendo calar as coisas, eliminando vozes diretas e detalhes não essenciais, reduzindo tudo a uma extrema simplicidade e atuando uma espécie de apofatismo narrativo. O acontecimento maior da história é narrado do modo mais despojado que se poderia imaginar. Quantas coisas não ditas, para preservar este arcano silêncio! Podemos avaliar quantas coisas foram omitidas pelo evangelista, vendo para quantas coisas a tradição e a piedade cristãs sentiram necessidade de acrescentar, isto é: que era noite, que era inverno, que se estava numa gruta com uma estrebaria, que havia um boi e um burrico... Na narrativa lucana tudo se reduz a poucos gestos realizados como numa liturgia silenciosa: deu à luz, envolveu em faixas, depositou numa manjedoura. A tradição e a liturgia da Igreja não se enganou, na substância do fato, quando aplicou ao Natal a célebre passagem da Sabedoria que diz: *Quando um profundo silêncio envolvia todas as coisas, e a noite estava no meio do seu curso, a vossa palavra onipotente desceu dos céus e do trono real* (Sb 18,14, na versão litúrgica), em que o sentido não é: "Veio a Palavra onipotente porque havia profundo silêncio", mas antes: "Havia um profundo silêncio porque vinha a Palavra onipotente". É como quando o rei entra na sala de audiências e todos se levantam e se calam.

2. O silêncio da Bíblia

Agora podemos nos perguntar: que espécie de silêncio é este que percebemos nos "evangelhos da infância"? Não é o silêncio normal que entendemos comumente, aquele que o homem decide e escolhe por si mesmo, para poder mais facilmente encontrar Deus. É algo diverso. Estas pessoas não se calam para encontrar Deus, mas porque encontraram Deus. Aqui descobrimos que existem duas espécies fundamentais de silêncio: um silêncio que podemos chamar ascético, ou natural, e um silêncio que, por sua causa, podemos chamar sobrenatural. Um silêncio que provoca o contato com Deus e um silêncio que é provocado pelo contato com Deus, um silêncio causa e um silêncio efeito.

Todos conhecem a primeira espécie de silêncio, que é o silêncio ascético ou natural. Esse se realiza de diversas formas e a níveis cada vez mais profundos; há um silêncio exterior e um silêncio interior, um silêncio das palavras, dos pensamentos, dos impulsos do coração... Toda a extraordinária espiritualidade monástica oriental da quietação do coração *(hesychía)* se baseia neste progressivo silêncio que chega até à extinção de toda atividade da inteligência, para dar lugar apenas à oração. É o homem mesmo que se impõe o silêncio, o intelecto que se dispõe a se calar. Também fora do cristianismo encontram-se correntes religiosas, nas quais se pratica (frequentemente com a ajuda de apoios técnicos) esse tipo de silêncio, que tem em mira o fim de todo desejo e paixão, para poder mergulhar no Todo (ou Nada) que é Deus. Os próprios filósofos pagãos inculcaram-no. Santo Agostinho se inspira, de fato, em Plotino, quando, descrevendo o êxtase que, com sua mãe, teve em Óstia, diz que se alguém conseguisse calar o tumulto da carne, ficando em silêncio os fantasmas terrenos, e se a alma conseguisse ela mesma se calar, se se calassem todos os sonhos, revelações, palavras e sinais, se todas as coisas ficassem mudas, então sim esse alguém poderia chegar ao menos por um instante a Deus e à vida eterna (cf. *Conf.* IX,10).

Todos, pois, conhecem este silêncio e buscaram praticá-lo em vários níveis. Ele é obra do homem, é – dizia – um silêncio natural. A diferença entre cristãos e não cristãos consiste no fato de que para alguns tal silêncio é sustentado pela graça, para os outros, ao invés, não o é, ou, se o é, não se dão conta disso. Mas a Bíblia tem sempre alguma outra coisa para dizer com respeito a todos os filósofos e a todas as religiões, e conhece assim um outro silêncio também: o silêncio que podemos chamar de teofania. O silêncio da *hesychía* é um silêncio de paz, repouso, ausência de impulsos; em si mesmo, antes de ser repleto de Deus, é um silêncio vazio. O silêncio da teofania, ao contrário, é um silêncio "movimentado": é acompanhado, de fato, de assombro, adoração, trepidação, alegria e, às vezes, até de temor. É um silêncio cheio. É muito mais que um simples calar. Aqui a iniciativa é de Deus, não do homem. O silêncio ascético é da ordem da lei e das obras; o silêncio de que fala a Bíblia é da ordem da fé e da graça. O primeiro é do homem que quer conquistar Deus; o segundo é do homem que foi conquistado, ou "subjugado" por Deus. "Se alguém cala, a este revela-se Deus", dizem filósofos e ascetas, e com razão; mas a Bíblia acrescenta: "Se a alguém Deus se revela, ele se cala". É surpreendente quão pouco espaço tenha, na Bíblia, o silêncio como é entendido, comumente, pelos mestres do espírito e quão pouco espaço tenha, nos mestres do espírito, o silêncio como é entendido, habitualmente, pela Bíblia.

O silêncio ascético, ou natural, é precioso e não se exagera, na verdade, em recomendar-lhe a prática, especialmente em uma época como a nossa "doente de barulho". Se me senti impelido, pela leitura dos evangelhos, a falar deste outro silêncio, talvez seja porque, mais ainda que de barulho, o mundo atual está doente de desatenção a Deus, de incúria e, às vezes, até de arrogância e aberta rebelião em confronto a Deus, e este silêncio é precisamente o antídoto a tais males. Ele significa tomar consciência de que Deus é Deus e emudecer. O silêncio perfeito não é aquele motivado principalmente pela própria necessidade, mas aquele motivado principalmente pela majestade de Deus, como a humildade perfeita – por exemplo, a de Maria – é motivada não tanto pela consciência da própria miséria, quanto pelo conhecimento da grandeza e santidade de Deus: "O Onipotente... Santo é o seu nome!". O Homem moderno se lamenta com frequência do silêncio de Deus: se exaspera por esse silêncio, faz dele assunto de livros, de dramas, discussões, até fazer dele uma espécie de lugar comum na literatura. E não se dá conta de que Deus cala exatamente porque ele fala, porque não é suficientemente humilde para estar a escutá-lo. Deus fala ao homem também com o seu silêncio; com isso o reconduz à verdade.

3. O silêncio de Maria

Agora que descobrimos de que tipo de silêncio se trata nos "evangelhos da infância", podemos – como fizemos para a alegria – recorrer àquela maravilhosa "caixa de ressonância" e àquela "lente de aumento", que é a leitura espiritual da Bíblia. O silêncio dos "evangelhos da infância" é o silêncio diante da estupenda teofania, preparada, na Anunciação, pela aparição do anjo e que culmina, no Natal, na aparição do próprio Deus feito homem. Todas as teofanias ou manifestações de Deus do Antigo Testamento eram, pois, figuras e profecias desta teofania. Antes, segundo os mais antigos Padres da Igreja, era já o Verbo que, ainda desconhecido, aparecia então aos patriarcas e aos profetas, "em enigma, em sonho, em visão", habituando-se a conversar com os homens e preparando os homens a reconhecê-lo, quando aparecesse sobre a terra (cf. Tertuliano, *Adv. Prax.* 16,3). Não dissera, de resto, Jesus mesmo que aquilo que Isaías viu naquele dia, na sua célebre visão, não era outra coisa que a "sua glória"? (cf. Jo 12,41).

Se, portanto, a encarnação do Verbo é a realidade prefigurada e antecipada (direta ou indiretamente) por todas as teofanias, nós temos um outro meio para aprofundar o nosso tema: observar o que acontece nas teofanias do Antigo Testamento, aprender delas como aí se comporta diante de Deus que se manifesta, olhar que lugar tem nelas o silêncio. Uma primeira forma de silêncio que encontramos nas aparições divinas é um silêncio que poderia chamar dos olhos. Quando Deus aparece a Moisés na sarça ardente, Moisés, está escrito, "cobriu o rosto, porque tinha medo de olhar para Deus" (Êx 3,6). O mesmo vemos que fazem os serafins na visão de Isaías: eles, com duas asas, cobrem o rosto (cf. Is 6,2). Mas bem cedo vemos mencionado também o verdadeiro e próprio silêncio. Ao aparecer Deus, no final da disputa, Jó "põe a mão sobre a boca" e diz: *Falei uma vez, mas não replicarei* (Jó 40,4-5). Quando Deus faz ouvir, do céu, a sua sentença – diz um salmo –, "amedrontada, a terra se cala" (Sl 76,9). Também no Antigo Testamento o homem frequentemente é transtornado por muitas vozes e torna-se surdo e cego à manifestação de Deus. Eis, então, que Deus mesmo o chama, pela boca de um salmista, com estas palavras que despertam ressonâncias de infinito na alma: *Parai, reconhecei que eu sou Deus!* (Sl 46,11). "Parar" indica, aqui, algo que está muito próximo do calar. A Vulgata traduzia com "vacate", que significa: cessai toda atividade, tirai uma folga de todas as coisas, para vos aperceber desta única coisa necessária, que há um Deus!

Até aqui, devemos dizer que o tema do silêncio, na descrição das teofanias, estava ainda em surdina. A certo ponto da tradição profética, porém, – precisamente Habacuc, Sofonias e Zacarias –, ele torna-se uma espécie de palavra de ordem: *O Senhor reside no seu santo Templo: diante dele, cale-se toda a terra!*, exclama Habacuc (2,20), introduzindo a conhecida teofania que foi utilizada na liturgia do Natal ("Deus vem de Teman..."). *Silêncio diante do Senhor Javé!*, grita, por sua vez, Sofonias (1,7). Esta, do silêncio na presença de Deus, é uma das últimas grandes palavras proféticas dita como em previsão de algo que está para acontecer, como em suspenso. Isso é particularmente visível no profeta

Zacarias, que conclui o oráculo: *Rejubila e alegra-te filho de Sião, porque eis que eu venho para morar no meio de ti,* com o solene convite: *Cale-se toda a carne diante do Senhor porque ele desperta e sai da sua morada* (Zc 2,14.17).

Se agora voltarmos a contemplar o Natal descrito por Lucas, é como se, de imediato, aquelas palavras dos últimos profetas se iluminassem e adquirissem, só agora, todo o seu sentido. São como didascálias para se escrever sobre a cena do Natal: "Silêncio na presença do Senhor! Deus está conosco: cale-se toda a terra e adore o santo mistério!". Agora se descobre também o significado do silêncio de Maria. Deus encontrou (ou melhor, criou) nela a perfeita "espectadora" da sua teofania que buscava através de todos os profetas. *Maria* – está escrito –, *de sua parte, conservava todas estas coisas, meditando-as no seu coração* (Lc 2,19). Os pastores falavam a todos do que haviam visto e ouvido; Maria, ao invés, calava. Os pastores falavam porque eram novatos nas coisas de Deus; Maria, que era mestra, calava. Maria "não tinha palavras". Nenhuma palavra vem relatada dela, em toda a narrativa do Natal e naquela da apresentação no templo. A nós não convém deduzir disso que, de fato, Maria não pronunciou, em todo esse tempo, alguma palavra – o que seria uma evidente violência exegética –; basta-nos deduzir que Lucas (e, com ele, o Espírito Santo) julgou que correspondia à fisionomia espiritual de Maria e à lembrança que ela havia deixado de si, o não dizer, numa circunstância semelhante, alguma palavra e permanecer em silêncio, como fez de resto, sob a cruz. A verdade espiritual, nesse ponto, interessa-nos mais que a verdade histórica.

O silêncio de Maria no Natal é mais que um simples calar; é maravilhamento, é adoração: é um "silêncio religioso", um ser subjugado pela realidade. A interpretação mais veraz do silêncio de Maria é aquela que se tem nos antigos ícones bizantinos, em que a mãe de Deus nos aparece imóvel, com o olhar fixo, os olhos arregalados, como quem viu coisas que não pode relatar. Compreende-se por que Deus sentira a necessidade de prepará-la, dizendo-lhe através do anjo: *Não tenhais receio, Maria, pois achaste graça diante de Deus* (Lc 1,30). É comovente a ingenuidade da liturgia, seja latina, seja oriental, a qual em algumas antífonas suas do tempo do Advento, ela quase se assusta por Maria e se volta a ela dizendo-lhe para não temer: "Noli timere Maria!". Maria, por primeira, elevou a Deus aquele que São Gregório Nazianzeno chama um "hino de silêncio" (Car. XXIX, PG 37,507); pôs em prática, antecipadamente, a palavra cara à liturgia da Igreja: "Diante de ti, o melhor louvor é o silêncio!". "Tibi silentium laus!" (cf. Sl 65,2 *Texto Masorético*).

4. Silêncio e sentido do Sagrado na Igreja

Agora apliquemos à Igreja de hoje esta palavra sobre o silêncio que apreendemos da Bíblia e do exemplo vivo de Maria. Para se aproximar de Deus – diz a epístola aos Hebreus –, é preciso, antes de tudo, "crer que ele existe" (Hb 11,6). Antes ainda, porém, de "crer" que ele existe (que já é um estar próximo, já é "fé"), é necessário ter ao menos "o indício" da sua existência e isso é aquilo que chamamos de sentido do Sagrado. Se viesse a faltar totalmente o sentido do Sagrado, viria a faltar o próprio terreno, ou o clima, no qual brota o ato de fé; não seria possível uma religiosidade, no sentido originário da palavra "religião". A palavra bíblica sobre o silêncio é preciosa e importante exatamente por isto: porque está intimamente ligada ao sentido do Sagrado e é um meio poderoso para suscitá-lo.

Foi dito que "a espantosa pobreza e indigência do Sagrado é a marca profunda do mundo moderno" (Charles Péguy). Se caiu, porém, o sentido do Sagrado, permaneceu dele, no homem moderno, a nostalgia, porque o homem não pode deixar de lado Deus, o seu coração foi feito para ele e está inquieto até que não repouse, de algum modo, nele. O problema para a Igreja é: como responder a esta nostalgia do Sagrado, que é também "nostalgia do Totalmente Outro", hoje mais viva que nunca? Igreja e sentido do Sagrado apelam um para o outro e se exigem mutuamente. Uma experiência intensa do Sagrado, ou do Transcendente, sem uma Igreja em que viver as suas exigências morais e encaminhar-se para ele, em comunhão com outros, pelas vias indicadas por ele mesmo na revelação, não seria suficiente para criar uma religião. Tais experiências intensas, fora da Igreja, ou permanecem elitistas e desencarnadas, ou se degeneram facilmente em terror e superstição. Mas uma Igreja que não ajudasse a fazer autênticas experiências do Sagrado e do Sobrenatural, que não criasse ocasiões em que o homem pudesse perceber o divino e sentir-se, afinal, criatura diante do seu Criador, seria também ela insuficiente para responder às necessidades religiosas do homem hoje. Todos os seus ensinamentos e os seus ritos não incidiriam sobre o homem, cairiam como a semente no asfalto. Aquilo que acontece não é um sentido do sagrado apenas habitual e genérico em que "sagrado" (escrito com letra minúscula!) indica as coisas santas ou o lado moral das coisas, mas um sentido do Sagrado, onde "Sagrado" (escrito com letra maiúscula!) indica – no seu significado fontal e forte – Deus, o Santo, o *Qãdõsh* da Bíblia.

Experimentemos, pois, ver através de quais meios a Igreja de Cristo pode ser, também hoje, para os homens, o lugar privilegiado e, antes, único de uma verdadeira experiência de Deus, entendendo por verdadeira experiência de Deus, aquela que é ao mesmo tempo, a experiência do "Deus verdadeiro". Aquele certo "indício" de Deus, de que falava, não se pode transmitir por via direta do ensinamento, das leis, ou dos ritos, porque – como é da natureza do ato de fé, ao qual prepara – ele é pressuposto para todo o resto. Também o Batismo, sabemos, o pressupõe. Ele acontece num espaço inviolável onde entram, somente, Deus e a liberdade do homem. Não pode, por isso, ser "causado" do exterior, mas apenas "suscitado" ou "ocasionado" pela Igreja. E é exatamente de algumas ocasiões de experiência do Sagrado na Igreja que gostaria de falar agora.

A primeira ocasião é a própria igreja, entendida como edifício sagrado. Na tradição católica, o texto clássico da liturgia da consagração da igreja, que vem, depois, repelido na festa anual da dedicação, é Gênesis 28,17: *"Que terrível é este lugar! (Quam terribilis est locus iste). Aqui é a casa de Deus, aqui é a porta do céu"*. "Terrível" não tem aqui um significado negativo, mas positivo; significa que incute respeito, que impõe silêncio e veneração. A igreja é um lugar terrível, no sentido de que é um lugar "diferente", no limiar do mundo visível. Aquilo que está dentro do seu recinto é "sagrado" e o que está fora dele é "profano", isto é, literalmente, fora do templo. As igrejas cristãs são – é verdade – templo de Deus *encarnado,* do Deus conosco, mas são sempre templo de Deus. Antes, exatamente porque se trata do templo de Deus feito carne e que habita realmente no meio de nós na Eucaristia, é lugar sagrado. Quantas pessoas, no passado, encontraram Deus simplesmente entrando numa igreja! Uma dessas foi Paul Claudel, que reencontrou a fé, entrando um dia na catedral *Notre-Dame* de Paris. "Toda a fé da Igreja – disse ele mais tarde – entrou em mim naquele momento". Trata-se, pois, de preservar ou restituir por quanto for possível a nossas igrejas o clima de silêncio, de respeito, de compostura, que lhes é conveniente. Aquilo que Jesus diria do templo de Jerusalém vale ainda mais para os templos cristãos: *A minha casa é casa de oração... É* preciso estar atento para não "profanar" as igrejas, para não as banalizar. Toda palavra inútil dita em voz alta, como se estivesse num lugar qualquer, é uma ofensa à santidade do lugar, mesmo se não houver ninguém na igreja.

Mas uma ocasião ainda mais importante, para uma experiência de Deus na Igreja, é a liturgia e o culto. A liturgia católica se transformou, em pouco tempo, de ação com forte cunho sacral e sacerdotal, para ação mais comunitária e participada, em que todo o povo de Deus tem o seu papel, cada um com o seu próprio ministério. (Um caminho que, presumidamente, deverá seguir toda liturgia cristã quando tiver de afrontar o impacto com a modernidade.) Nesta nova situação, não se trata de lamentar aquilo que se perdeu, do sentido do Sagrado, com a queda do latim, do cântico gregoriano etc., mas de ver como se pode encarnar, também na atual liturgia que a Igreja se deu, um genuíno sentido do Sagrado. Aquilo, de fato, que havia de sentido do Sagrado na liturgia anterior, existia porque gerações de cristãos, interpretando exigências e valores do seu tempo, souberam colocá-lo nela. Nós temos à disposição os mesmos meios que tinham eles e, antes, temos alguns novos que eles não tinham.

O mais importante destes meios novos são as palavras de Deus. O elemento mais forte da liturgia, aquele que dá luz aos ritos e a todo o resto, são as palavras de Deus, e nós, hoje, graças à caminhada que a Igreja fez neste meio-tempo em muitos campos, temos um acesso novo, mais direto, às palavras de Deus. Elas podem ressoar com uma imediatez e compreensão maiores que no passado, maior até que na época dos Padres, quando se ignorava ainda a força que vem à simples palavra pelo fato de vê-la no seu contexto, porque se praticava – de acordo com a cultura do tempo – apenas o comentário palavra por palavra e frase por frase. A atual liturgia é riquíssima de Palavra de Deus, disposta sabiamente, segundo a ordem da história da salvação, num quadro de ritos com frequência referentes à linearidade e simplicidade das origens. Devemos valorizar estes meios. Nada mais que uma viva Palavra de Deus, proclamada com fé e dirigida à vida, em nome e com a autoridade da Igreja, durante a liturgia, pode insinuar-se no coração do homem e fazê-lo sentir a transcendente realidade de Deus. A fé – diz São Paulo – nasce da escuta da Palavra de Cristo (cf. Rm 10,17).

Uma renovada familiaridade e penetração da Palavra de Deus ajuda a devolver vida e força também a certas partes "imóveis" da Missa, resgatando-as da rotina. Por exemplo, ao *"Sanctus"*. O mais majestoso *"Sanctus"* polifônico de outrora não serve para suscitar o sentimento da Santidade de Deus, quanto o redescobrir ao vivo, na Bíblia, o sentido da tríplice exclamação dos serafins: *"Santo, Santo, Santo"*, na visão de Isaías. Um cristão que em contato com a Bíblia sentiu, uma vez, a força que emana daquelas palavras, ele se recordará delas quando as proclamar juntamente com toda a assembleia, na Santa Missa.

O problema crucial da liturgia é – como se vê – a fé. Não existe necessidade de fazer coisas extraordinárias para conferir à atual liturgia – e a toda liturgia – o caráter sagrado de mistagogia e de teofania que lhe compete. Basta estar realmente ciente daquilo que se faz; basta criar um clima de adoração e de recolhimento. Quando sacerdote, leitores, cantores e todos aqueles que estão, por vários motivos, diante da assembleia, estão em profunda comunhão espiritual entre si e buscam manter-se na presença de Deus, a assembleia, pouco a pouco, é contagiada e alguém, ao menos, será ajudado a se pôr, também ele, na presença de Deus. É assim que é suscitada e é favorecida nos outros a experiência do Sagrado: vivendo-a. Sobretudo se ela é vivida com simplicidade, sem pensar nos outros, mas em Deus somente... Basta, às vezes, um átimo apenas de silêncio depois da consagração, antes de proclamar "Mistério da fé!", acompanhado de uma genuflexão em que corpo e alma se prostram diante do Santíssimo, para fazer perceber aos presentes que se está na verdade diante do "mistério". Se, por acaso, foi explicada alguma vez aos fiéis aquela palavra de Habacuc: "O Senhor está presente... Cale-se diante dele toda terra!", eles a sentirão ressoar no seu coração e compreenderão que, exatamente neste momento, ele é plenamente real. "A humanidade trepide, o universo inteiro trema e o céu exulte – dizia São Francisco de Assis, numa carta sua – quando sobre o altar, nas mãos do sacerdote, está o Cristo, filho do Deus vivo" (*Lett. cap. gen.* 2; FF, 221).

Outro momento em que se pode atuar na liturgia o silêncio bíblico é aquele imediatamente depois de ter recebido a Comunhão. Sobretudo neste momento, pode nos servir de evocação o silêncio de Maria em Belém, quando acolheu entre os braços Jesus. Uma igreja cheia de fiéis em perfeito silêncio, por alguns instantes depois da Comunhão ou durante uma hora de adoração diante do Santíssimo exposto, faria dizer a quem entrasse, por acaso, naquele momento: "Aqui está Deus!"

Não digo que possam fazer as coisas sempre com esta intensidade espiritual. Às vezes, podem-se viver mais explicitamente outras dimensões da Eucaristia, como a dimensão comunitária, fraterna ou festiva. Existe o cotidiano e o ritmo variado da vida também na liturgia. Mas, em certas circunstâncias, isso é possível e depende, em boa parte, do sacerdote que preside, se isso acontecerá ou não.

Quando se aprendeu da Bíblia e da liturgia o sentido desse silêncio, pode-se, depois, vivê-lo também na vida de todos os dias. Diante das provações da vida, quando o agir de Deus nos desconcerta e não compreendemos como ele pode permitir certas coisas, triunfaremos sobre toda tentação de revolta, repetindo simplesmente conosco a palavra do salmo que diz: *"Calo-me, não quero abrir a minha boca, porque sois vós quem mandais"* (Sl 39,10). Maria foi grande no seu silêncio, exatamente porque se calou diante do absurdo de ver nascer num estábulo o filho que lhe fora anunciado como rei e como Filho de Deus.

5. "Parai e sabei que eu sou Deus!"

Mencionei algumas ocasiões que a liturgia possui para fazer aos homens de hoje a experiência do Sagrado. Uma delas é a festa e, em particular, precisamente o Natal. Mas o Natal está quase totalmente "dessacralizado", reduzido à ocasião de maior barulho e de vida profana mais intensa. Como restituir-lhe o seu mistério, como ressuscitar entre nós algo do silêncio adorante de Maria? Ainda uma vez, com a Palavra de Deus. No Natal, Jesus repete em primeira pessoa, de seu berço, aos cristãos e a todos os homens, aquelas palavras solenes que escutamos acima: *"Parai e sabei que eu sou Deus!"*. No evangelho de João, ouvimos frequentemente que Jesus faz seu o "Eu Sou" de Deus. Tem esse direito. É o Filho. Só ele! Não é essa a palavra de alguém que implora fé e reconhecimento, como tantos pseudoprofetas e fundadores de tolas religiões que pululam pelo mundo. É uma palavra de autoridade. "Sabei que eu sou Deus!"; não diz acreditai em mim, eu vos suplico, dai-me atenção, mas diz: 'sabei', queirais ou não, acrediteis ou não, eu sou Deus!"

Acolhamos nós por primeiro, de joelhos, este grito que se eleva do Natal, corroborado pela fé secular da Igreja; acolhamos esta verdade que o Concílio de Niceia pôs sobre o candelabro do símbolo de fé para sempre e com a qual fica de pé ou cai tudo no cristianismo. Acolhamo-lo, como nos ensinou a Bíblia e nos deu o exemplo Maria, em silêncio, adorante. "Paremos", façamos, se necessário, uma "folga" de todas as coisas no Natal, para saborear até o fundo esta verdade. Deus se despojou da sua "tremenda majestade"; não apavora mais, como fazia quando aparecia no Antigo Testamento. Não quer apavorar; é agora o Emanuel, Deus-conosco. Mas, para quem sabe discernir, há um atributo novo, nesta sua teofania definitiva, que deve encher-nos de admiração e fazer-nos emudecer mais que todos os trovões, os raios e a fumaça do Sinai: a humanidade. "Olhai, irmãos, a humildade de Deus!", exclamava São Francisco naquela mesma carta, e em Grégio desatava em lágrimas de alegria, diante do presépio que havia construído. Deus se revela "sob o seu contrário"; revela-se escondendo-se: escondendo a grandeza na pequenez, a força na fraqueza, a majestade na humildade. Não é isso único no mundo, divino em tudo, motivo de silêncio e de adoração? E faremos valer isso para não crer? Deixemos aos pagãos e aos soberbos escandalizar-se da humildade do nosso Deus. Os sábios deste mundo – filósofos e, às vezes, até teólogos – continuam a se perguntar perplexos: "como pode um concreto ser o Universal? Como pode um menino, envolto em faixas, ser o Deus eterno, invisível, onipotente?" Mas nós unamo-nos à admiração crente da Igreja que canta no Natal: "Aquele que os céus não podem conter se encerrou, ó Maria, no teu ventre!".

Vive verdadeiramente o Natal quem é capaz, de fazer hoje, à distância de séculos, aquilo que teria feito, se estivesse estado presente naquele dia. Quem faz aquilo que Maria ensinou a fazer: ajoelhar-se e se calar!

ÍNDICE

1. "Minha alma engrandece o Senhor" | 5
2. "Glória a Deus e paz aos homens" | 36
3. Cristo "Luz dos povos
   e glória do seu povo Israel" | 57
4. "Os que esperavam a redenção de Israel" | 83
5. "Jerusalém, despoja-te da tua tristeza!" | 99
6. "Silêncio na presença do Senhor Deus!" | 118